A CONFESSIO
DA FRATERNIDADE DA ROSACRUZ

J. VAN RIJCKENBORGH

ROSACRUZ ÁUREA

FAMA

FRATERNITA-
TIS R. C.

Das ist /

Gerůcht der Brů-
derschafft des Hochlöblichen
Ordens R. C.

An alle Gelehrte vnd Heupter Europæ

Beneben deroselben Lateinischen

CONFESSION,

Welche vorhin in Druck noch nie auß-
gangen / nuhnmehr aber auff vielfältiges nach-
fragen / zusampt deren beygefügten Teutschen Version
zu freundtlichen gefallen / allen Sittsamen guther-
tzigen Gemühtern wolgemeint in Druck
gegeben vnd communiciret.

Von einem des Liechts / Warheit / vnd Friedens
Liebhabenden vnd begierigen
Philomago.

Gedruckt zu Cassel / durch Wilhelm Wessel /
ANNO M. DC. XV.

Dados Internacionais de Catalogação na Publicação (CIP)
(Câmara Brasileira do Livro, SP, Brasil)

Rijckenborgh, J. van, 1896-1968
A confessio da fraternidade da Rosacruz : análise esotérica da confessio fraternitatis Rosae Crucis / por J. van Rijckenborgh ; [tradução Lectorium Rosicrucianum]. -- 2. ed. -- Jarinu, SP : Pentagrama Publicações, 2017.

Título original: De Belijdenis Der Broederschap Van Het Rozenkruis.
ISBN: 978-85-67992-74-7

1. Rosacrucianismo I. Título.

17-08362 CDD-135.43

Índices para catálogo sistemático:

1. Fraternidade da Rosacruz : Tradições esotéricas 135.43
2. Rosacrucianismo : Tradições esotéricas 135.43

Edição Original:

LECTORIUM ROSICRUCIANUM

Bakenessergracht, 11-15
NL 2011 JS Haarlem - Holanda

LECTORIUM ROSICRUCIANUM
ESCOLA ESPIRITUAL DA ROSACRUZ ÁUREA

www.rosacruzaurea.org.br
info@rosacruzaurea.org.br

PENTAGRAMA PUBLICAÇÕES
www.pentagrama.org.br
livros@pentagrama.org.br

A CONFESSIO DA FRATERNIDADE DA ROSACRUZ

OS SEGREDOS DA FRATERNIDADE DA ROSACRUZ

ANÁLISE ESOTÉRICA DO TESTAMENTO
ESPIRITUAL DA ORDEM ROSACRUZ

POR

J. VAN RIJCKENBORGH

I - O chamado da Fraternidade da Rosacruz
(Fama Fraternitatis R. C.)
II - A confessio da Fraternidade da Rosacruz
(Confessio Fraternitatis R. C.)
III - As Bodas Alquímicas de Cristão Rosacruz
(Chymische Hochzeit Christian Rosenkreuz, anno 1459)

ROZEKRUIS-PERS – HAARLEM – HOLANDA

Deus já enviou mensageiros da Sua vontade, estrelas aparecidas no Serpentário e no Cisne, os grandes signos do seu poderoso Conselho, a fim de nos ensinar que, se tudo que o gênio humano descobriu fosse reunido, Ele o faria servir a sua disposição oculta. O Livro da Natureza é, por conseguinte, desvendado a todos os olhos, mas bem raros são aqueles que o podem ler e, mais raros ainda, aqueles que o podem compreender.

Confessio Fraternitatis

Título original:
DE BELIJDENIS DER BROEDERSCHAP VAN HET ROZENKRUIS

Traduzido do francês:
LE TEMOIGNAGE DE LA FRATERNITÉ DE LA ROSE-CROIX

ROZEKRUIS-PERS
Bakenessergracht 11-15
Haarlem – Holanda

Sumário

SAUDAÇÃO AO LEITOR

O leitor encontrará aqui os trinta e sete fundamentos sobre os quais repousa nossa concepção. Tal como estão incorporados nesta confessio, ele poderá isolá-los do texto, compará-los uns aos outros e, além disso, perceber, por si mesmo, se eles satisfazem a sua pesquisa. Nosso maior cuidado consiste em propagar a fé naquilo que ainda não foi revelado. Quando, porém, tudo isso vier à luz do dia, parece-nos que nos sentiremos envergonhados de tantas explicações. E da mesma maneira que, neste momento, podemos, sem perigo, qualificar o papa de anticristo, o que teria sido outrora, em qualquer lugar, um sacrilégio, sabemos que proclamaremos mais tarde, em alta voz, o que hoje apenas murmuramos. Possa o leitor desejar conosco, de todo o coração, que isso aconteça o mais depressa possível!

A Fraternidade da Rosacruz

CONFESSIO DA FRATERNIDADE DA ROSACRUZ

Aos sábios da Europa

I

Não tomeis por invenções, ó mortais, o que o toque de trombeta da Fama[1] Rosacruz vos anunciou sobre nossa fraternidade, nem acrediteis, em vossa desconfiança, que se trata do fruto da nossa presunção, pois é Jeová que inverte o curso da natureza, agora que o mundo ameaça perder-se e que este período chega a seu fim para se precipitar a um recomeço. É Jeová que revela hoje àqueles que *pensam* o que outrora foi procurado em vão, com tanta dificuldade e com um esforço incessante; oferece-o àqueles que *querem* e o impõe àqueles que *não querem*, a fim de que, assim, o fardo dos homens bons seja aliviado e a violência dos golpes ameaçadores do destino, refreada. Que os maus, porém, vejam suas faltas e seus tormentos crescerem.

Pensamos que a Fama vos permitirá ver claramente qual o objetivo e com que aspiração cumprimos a vontade do nosso sublime Pai e que, assim, não suspeitareis de qualquer heresia, nem de más intenções, em relação ao Estado. Pois, não nos horrorizam as blasfêmias contra nosso Senhor Jesus, vindas tanto do Leste como do Oeste (entenda-se Maomé e o papa), e não oferecemos ao chefe do reino nossas preces, nosso conhecimento secreto e, bem mais, nosso prodigioso peso em ouro? É, entretanto, nossa intenção, por amor aos sábios, dar esclarecimentos mais amplos sobre toda a parte da

1• Chamado

Fama que poderia parecer muito hermética ou que não poderia ser expressa em outras línguas. Esperamos que, assim, eles nos acolherão mais favoravelmente e admitirão, mais facilmente, nosso ponto de vista.

II

No que concerne ao melhoramento da filosofia, tanto quanto isso seja ainda necessário, já dissemos que ela está doente. Mesmo que a maioria faça crer que está com boa saúde, é para nós indubitável que ela está entregando a alma; mas, como acontece frequentemente, a natureza revela o remédio no lugar exato em que se manifesta uma nova doença contagiosa. É assim que surgem, em nosso país, no meio de tantas crises filosóficas, muitos e excelentes meios de cura, pelos quais a filosofia poderá regenerar-se e manifestar-se nova, num mundo que deve ser, ele próprio, renovado.

Não há, entretanto, outra filosofia para nós senão aquela que é a coroa de todas as faculdades, ciências e artes. No que concerne ao nosso século, ela compreende, sobretudo, a Teologia, a Medicina e, antes de tudo, a Ciência do Direito: é uma filosofia que sonda o céu e a terra com a ajuda de uma excelente arte de análise ou que, em poucas palavras, exprime, essencialmente, que cada homem é um microcosmo. Com este propósito, se os mais modestos dentre os sábios quiserem aceitar nosso convite, encontrarão em nós coisas bem diferentes e mais surpreendentes ainda do que aquelas em que eles acreditaram até agora e a propósito das quais se espantaram ou trocaram ideias.

III

É por isso que, para exprimir brevemente nosso ponto de vista, devemos aplicar-nos a dissipar vosso espanto quanto ao nosso chamado e fazer ressaltar, claramente, que, se revelamos tão grandes segredos, eles não perderão absolutamente seu valor para nós e que não somos hostis à ideia de revelar sua existência a muitos. E, portanto, não nos parece absurdo que nossa solicitude, tão inesperada, perturbe muitas pessoas, pois elas não conhecem ainda o milagre do sexto período e não podem descobrir nem o presente nem o futuro no curso invertido do mundo. Elas erram, cheias de preocupações do século, como cegos que, em plena luz, só podem distinguir o que tocam.

IV

Quanto à primeira parte do que precede, acreditamos que as reflexões de nosso Pai Cristão, em relação a tudo o que a inteligência humana descobriu, aprofundou e completou desde a criação do mundo, seja por revelação divina, intervenção de anjos e de espíritos, acuidade da inteligência ou experiências de observações cotidianas, são tão excelentes que, a partir delas unicamente, mesmo que o Deus todo-poderoso destruísse tudo o que foi escrito, a posteridade poderia assentar novas fundações para as ciências e erigir uma nova cidadela da verdade.

Seria, sem dúvida, bem mais fácil, agora, uma vez que o edifício atual está tão deformado, alargar aí o espaço interior, fazer entrar a luz nas peças ou modificar portas, escadas ou tudo o mais, conforme nossa intenção.

Como tão sublimes conhecimentos poderiam parecer-nos de pouco valor? Ter-nos-iam sido dados somente para tomarmos conhecimento deles? Ao invés disso, não foram eles julgados indispensáveis no tempo que lhes foi consignado?

Se Deus tivesse desejado, efetivamente, que o sexto candelabro se iluminasse somente para nós, não preferiríamos repousar na única verdade que os mortais procuram há tanto tempo, ao longo de tantos caminhos tortuosos e através de tantos labirintos? Não temer a fome, nem a pobreza, nem a doença, nem a velhice não nos bastaria? Não seria delicioso viver, constantemente, como se tivéssemos vivido desde o nascimento do mundo e, se fôssemos viver até seu fim, viver de tal maneira que aqueles que habitam do outro lado do Ganges não pudessem esconder-nos seus atos e os que vivem no Peru, seu comportamento; ler um livro como se o víssemos diante de nós; compreendêssemos e retivéssemos o conteúdo de todos os livros do passado, do presente e do futuro; cantar e salmodiar de modo que se atraíssem pedras preciosas em lugar de rochedos, o próprio espírito em lugar de animais, e se tocassem os soberanos mais poderosos do reino terrestre em vez de Plutão (o deus do reino dos mortos)?

Ó mortais, a decisão de Deus é bem outra, e outra também vossa vantagem, pois é para vós que foi decidido aumentar e multiplicar o número da nossa fraternidade nesta época. Acolhemos essa decisão com grande alegria interior, nós que tivemos acesso a tão grandes tesouros, sem nenhum mérito da nossa parte, ou melhor, sem nenhuma esperança ou expectativa. Executaremos essa decisão com tão grande fidelidade que mesmo as queixas infantis de alguns dentre nós, na fraternidade, não nos comovem, pois sabemos que essas riquezas inesperadas não podem ser herdadas nem transmitidas, senão com grande discernimento.

V

Se, por outro lado, alguém desejasse de nós mais prudência, nós, que divulgamos nossos tesouros cegamente e com prodigalidade, não dando mais atenção aos bons e aos inteligentes, ou às personagens influentes em geral, que ao povo comum – e a censura não é sem importância – não nos mostraríamos aborrecidos; mas declaramos, com insistência, que, nossos segredos, mesmo que repercutissem nos ouvidos do povo, em cinco línguas, não seriam divulgados. De um lado, porque, como o sabemos, os tolos não ficariam comovidos com eles e, de outro lado, porque não medimos o valor daqueles que são aceitos por nossa fraternidade pela sua curiosidade, mas segundo as regras e normas daquilo que nos foi revelado.

Inúmeras vezes os indignos nos fazem apelo e se apresentam, mas Deus ordenou a nossos ouvidos para nada ouvirem. E Ele tão bem nos envolveu com sua nuvem que nenhuma forma de violência pode ser feita a seus servidores. É por isto que os olhos dos homens não nos perceberão mais por muito tempo, a menos que os tomem emprestados à águia.

Por outro lado, a Fama deveria ser editada na língua materna de cada um, a fim de que o conhecimento aí contido não fosse injustamente retido, para aqueles que não estão suficientemente introduzidos nas ciências e que

Deus não quis excluir da alegria desta fraternidade, que conhece diferentes graus. Assim, aqueles que residem na cidade de Damcar vivem sob um regime inteiramente diferente do resto da Arábia, pois, em Damcar, reinam somente os sábios que, de acordo com o rei, estabelecem outras leis. Introduziremos também na Europa um exemplo que foi descrito por nosso Pai Cristão – e que está em nosso poder – depois que tenha chegado àquilo que se deve produzir antes. Nossa trombeta ecoará com toda a potência e com uma intenção irrefutável quando aquilo que alguns não podem pronunciar hoje, senão em cochichos, e que é expresso em linguagem velada – como para o que concerne ao futuro – estiver preenchendo abertamente a Terra.

Da mesma maneira, o papa será derrubado de seu trono pela Europa, com grande violência e rude veemência, após muitas calúnias furtivas e tímidos insultos por parte das pessoas piedosas, contra sua tirania. E será desprezado, energicamente, enquanto sua queda completa será consumada em nossa época, em que ele experimentará também a força dilacerante das garras do leão; um novo rugido do leão porá fim a seus brados. Sabemos que isto já se apresenta claramente a numerosos sábios da Europa, como seu comportamento e sua aprovação silenciosa o testemunham.

VI

Valeria a pena examinar o período que decorreu de 1378, ano do nascimento do nosso Pai Cristão, até agora, e considerar as mudanças da abóbada celeste que ele próprio viu durante os cento e seis anos de sua vida, assim como os exemplos de experiência que ele deixou a nossos pais e a nós após sua bem-aventurada morte; mas a concisão a que estamos constrangidos obriga-nos a adiar isso.

Para aqueles que não desprezam nossas exortações, será suficiente que tenhamos abordado essas coisas. Eles poderão assim preparar-se para estabelecer uma ligação mais estreita conosco. Aquele a quem foi dado contemplar os grandes caracteres que Deus inscreveu na dispensação do mundo e que Ele repete através das transformações dos períodos de manifestação, compreender sua relação e, assim, se elevar, já é um dos nossos, mesmo que ainda não esteja consciente disso. E como sabemos que tal pessoa não desdenhará nossas solicitações, nós lhes afirmamos que, da nossa parte, não a induziremos em erro; prometemos, além disso, que não zombaremos da ingenuidade e das esperanças daquele que vier a nós, sob o selo de segredo, desejando conhecer-nos. Entretanto, declaramos expressamente aos mentirosos e enganadores, àqueles que desejam algo diferente da verdade, que não poderão arrastar-nos à perdição, nem nos forçar contra a decisão de Deus. Mas a grave ameaça com que tornamos pesada nossa Fama os espera, isto é, que tais intenções sacrílegas cairão sobre suas próprias cabeças. Nossos tesouros nos serão deixados intactos até que se levante o leão, que ele os ordene segundo sua justiça, os tome e os empregue na consolidação do reino.

VII

É por isto, ó mortais, que devemos declarar aqui: Deus decidiu devolver ao mundo, que desaparecerá pouco depois, a verdade, a luz e a dignidade, às quais Ele ordenou deixarem o paraíso com Adão, a fim de suavizar a miséria humana. É por isto que agora é necessário que abandonem todo o erro, toda a treva e toda a servidão que se apoderaram, progressivamente, das ciências, das obras e dos governos dos humanos, no curso progressivo da revolução do grande globo, de maneira que a maioria dos homens se obscureceu.

Daí nasceu uma infinita diversidade de opiniões, alterações e erros que tornam a escolha difícil, mesmo aos homens sábios, que o renome dos filósofos de um lado e a verdade da sua experiência, de outro, mergulham na confusão. Quando, como temos certeza, todas essas coisas tiverem desaparecido, teremos, em seu lugar, uma linha de conduta que permanecerá sempre a mesma.

Ainda que ela se realize, graças aos obreiros, a grande obra é devida, em toda a sua amplitude, ao instante específico da nossa época bendita; e embora reconheçamos que muitos espíritos eminentes têm contribuído com sua reflexão para a futura reforma, não nos apropriamos, absolutamente, da glória daquilo que tal tarefa incumbe unicamente a nós, mas testemunhamos, pelo espírito de Cristo, nosso salvador, que as pedras se apresentariam se ao Seu divino plano faltassem executantes.

VIII

Deus já enviou mensageiros da Sua vontade, estrelas aparecidas no Serpentário e no Cisne, os grandes signos do seu poderoso Conselho, a fim de nos ensinar que, se tudo que o gênio humano descobriu fosse reunido, Ele o faria servir a sua disposição oculta. O Livro da Natureza é, por conseguinte, desvendado a todos os olhos, mas bem raros são aqueles que o podem ler e, mais raros ainda, aqueles que o podem compreender.

Da mesma maneira que a cabeça humana possui dois órgãos para ouvir e dois para ver, dois para cheirar e um para falar, e que seria vão exigir que os olhos falassem e que os ouvidos vissem, assim também houve épocas que viram, outras que ouviram e outras ainda que sentiram odor, e, em muito pouco tempo, virá a época, que se aproxima a grandes passos, em que a língua receberá a honra de exprimir tudo o que antes foi visto, ouvido e percebido pelo olfato. Depois que o mundo houver despertado do seu sono de embriaguez, bebido na taça envenenada, o homem irá ao encontro do sol nascente, ao raiar do dia, com o coração aberto, a cabeça descoberta e os pés nus, jubiloso e transbordante de alegria.

IX

Da mesma maneira como Ele introduziu Seus caracteres e Seu alfabeto nas escrituras santas, Deus os gravou claramente no curso da maravilhosa obra de criação, nos céus, na terra e nos animais. Assim, da mesma forma como o astrônomo prevê os eclipses, conhecemos com antecedência as ocultações da Igreja e suas durações. É de tais caracteres que tiramos toda a nossa magia; partindo daí, construímos uma nova linguagem, em que se exprime a essência das coisas. É um fato, portanto, que nossa expressão, em outras línguas e neste latim, seja pouco sutil, pois essas línguas que, certamente, não possuem mais o perfume da língua de Adão ou de Enoque perderam seu caráter sagrado na confusão babilônica.

X

Não devemos deixar de incitar-vos a uma leitura assídua e ininterrupta das escrituras santas, enquanto algumas plumas da águia se encontram no caminho. Aquele que encontra nisso grande prazer deve saber que se aproxima muito da nossa fraternidade, pois *aí* está a essência do nosso saber, que não tenha havido, neste grande milagre do mundo, nenhuma sílaba que não tenha sido inscrita em nossa memória. Assim, aqueles que fazem deste único Livro o fio condutor da sua vida, o objeto mais sublime da sua aspiração ao conhecimento e à representação do universo, estão muito próximos de nós e são nossos perfeitos semelhantes. Não desejamos que tenham continuamente a boca cheia desse livro, mas que aproximem bastante e de forma consequente o sentido de todas as épocas do mundo. Tampouco temos o costume de desonrar a palavra de sabedoria divina como alguns que – uma vez que o número de interpretações é sem limite – defendem a opinião do seu próprio grupo ou como outros que, utilizando a velha mesquinharia, ridicularizam as exegeses, maleáveis como a cera, que servem ao mesmo tempo aos teólogos, aos filósofos, aos médicos e aos astrólogos.

Que, ao invés disso, seja nossa tarefa testemunhar que, desde a origem do mundo, o homem não recebeu obra mais maravilhosa, mais grandiosa e mais salutar que a dos livros sagrados. Bendito seja aquele que os possui, mais ainda aquele que os lê e bem mais aquele que aprende a conhecê-los em profundidade, enquanto aquele que os compreende e se põe a seu serviço é, de todos, o que mais se assemelha a Deus.

XI

Além disso, aquilo que, por horror aos impostores, dissemos contra a transformação dos metais e do remédio supremo do mundo deve ser assim compreendido: não queremos certamente subestimar tão notável dom de Deus, mas, uma vez que ele não comporta o conhecimento total da natureza e já que a Filosofia o ensina, assim como uma infinidade de outras maravilhas, compreende-se que é para nós bem preferível aprender a conhecer a Filosofia. E convidamos os espíritos mais finos e os melhores a examinar de mais perto a natureza, ao invés de se ocupar em tingir os metais.

É preciso que seja insaciável aquele a quem nem a pobreza nem as doenças podem mais pôr em perigo; que, como elevado acima dos homens, domina aquilo que atormenta, aflige e tortura aos demais e que faz voltar à loucura da natureza, leva às guerras e, ainda assim, orgulha-se, porque acredita possuir ouro suficiente e uma fonte inesgotável de dinheiro! Ora, o Governador Supremo o quis inteiramente diferente, Ele que confere aos humildes a magnificência fere os orgulhosos com o obscurantismo, faz seus anjos falarem aos silenciosos, enquanto arrasta os tagarelas à solidão; o impostor romano é, na verdade, digno de tal pena, ele que derrama suas blasfêmias sobre o Cristo, com a boca cheia e transbordante, e que nem mesmo se abstém de mentir nesta luz plena que permitiu à Europa descobrir seu covil de feras e seus corredores subterrâneos. Vê-se, claramente, que ele excedeu os limites e que é digno do cutelo[2].

Dia virá em que essa serpente cessará de silvar e sua tríplice coroa será reduzida a nada. Falaremos disso, mais abertamente, quando estivermos reunidos.

2• É digno do que está prestes a acontecer.

XII

Chegados ao fim da nossa *Confessio,* indicamos expressamente que a maior parte, senão a totalidade dos escritos fúteis dos pseudo-alquimistas, deve ser rejeitada, uma vez que, para eles, é um jogo abusar da Santa Trindade para coisas sem interesse e um gracejo enganar os homens por curiosas figuras e enigmas, enquanto eles se enriquecem da curiosidade dos crédulos. Nossa época engendrou muitas pessoas desse gênero, dentre as quais figura, em primeiro plano, um excelente ator de anfiteatro, homem bastante engenhoso para enganar seus semelhantes. O inimigo da felicidade humana mistura tais pessoas com o bom grão, a fim de que a fé na verdade se torne mais difícil, pois a verdade é simples e sem véus, enquanto a mentira se reveste de uma bela aparência e se enfeita com migalhas da sabedoria divina e humana.

Fugi destas coisas, vós que sois sensatos, e abrigai-vos conosco, que não mendigamos vosso ouro, mas vos oferecemos, em acréscimo, inumeráveis tesouros. Não estamos à espreita dos vossos bens, sob o pretexto de qualquer conhecimento superficial, mas queremos fazer-vos participar dos nossos. Não vos apresentamos enigmas, mas vos convidamos para uma exposição simples e clara dos nossos segredos. Não procuramos ser convidados nem recebidos entre vós, mas vos chamamos a vir às nossas moradas, mais que reais, e aos nossos palácios. E, se não o sabeis ainda, é o espírito de Deus que nos conduz e não a ostentação, assim como o testamento do nosso excelente Pai nos ordenou e como a exigência da nossa época nos compele.

XIII

Que pensais agora, ó mortais, após haverdes tomado conhecimento de que anunciamos o verdadeiro Cristo e execramos o papa; de que abraçamos a verdadeira filosofia, levamos uma vida digna do homem e convidamos, chamamos, convocamos mesmo, a uma estreita colaboração e união conosco, muitos homens e precisamente aqueles para quem, como para nós, irradia a mesma luz divina? Havendo examinado vossos dons e segundo a compreensão das escrituras santas que possuís agora, havendo refletido no fato de que todas as artes são imperfeitas e contraditórias, não pensais, finalmente, que deveis considerar, conosco, a sua cura?

Não pensais que deveis oferecer vossas mãos a Deus, que realiza o trabalho, e vos consagrar à exigência do vosso tempo? A recompensa disso será que todas as riquezas que a natureza expandiu sobre toda a Terra serão reunidas para vós e como que juntadas no centro do Sol e da Lua. Então, podereis banir do mundo tudo o que obstrui e anuvia o poder de pensar do homem e sua atividade, da mesma maneira que tudo o que é excêntrico e não coincide com o círculo.

XIV

Vós, entretanto, a quem basta, hoje, contentar a curiosidade, ou que sois seduzidos pelo brilho do ouro, ou, para empregar palavras mais fortes, vós que, mesmo estando hoje à vontade, aproveitando de um afluxo de bens tão inesperado e tão grande, ainda podeis levar uma vida ociosa e sem utilidade, cheia de fausto e ostentação, não queirais perturbar nosso silêncio sagrado, com vossa algazarra. Embora exista um remédio que cura igualmente todas as doenças, sabei que Deus não quer fazer uso desta possibilidade para aqueles que Ele inquieta e perturba pelas doenças. Assim, mesmo que possamos enriquecer o mundo inteiro e libertá-lo de inumeráveis males, permaneceremos desconhecidos para aqueles a quem Deus não aprova. É igualmente impossível que alguém participe das nossas riquezas contra a vontade de Deus; ele perderia sua vida em tal procura a provar a felicidade de encontrá-las.

A Fraternidade da Rosacruz

J. van Rijckenborgh

ANÁLISE ESOTÉRICA DA CONFESSIO FRATERNITATIS ROSAE CRUCIS

É por isto, ó mortais, que devemos declarar aqui: Deus decidiu devolver ao mundo, que desaparecerá pouco depois, a verdade, a luz e a dignidade, às quais Ele ordenou deixarem o paraíso com Adão, a fim de suavizar a miséria humana.

É por isto que agora é necessário que abandonem todo o erro, toda a treva e toda a servidão que se apoderaram, progressivamente, das ciências, das obras e dos governos dos humanos no curso progressivo da revolução do grande globo, de maneira que a maioria dos homens se obscureceu.

Daí nasceu uma infinita diversidade de opiniões, alterações e erros que tornam a escolha difícil, mesmo aos homens sábios, que o renome dos filósofos de um lado e a verdade da sua experiência, de outro, mergulham na confusão. Quando, como temos a certeza, todas essas coisas tiverem desaparecido, teremos, em seu lugar, uma linha de conduta que permanecerá sempre a mesma. Ainda que ela se realize, graças aos obreiros, a grande obra é devida, em toda a sua amplitude, ao instante específico da nossa época bendita; e embora reconheçamos que muitos espíritos eminentes têm contribuído, com sua reflexão, para a futura reforma, não nos apropriamos, absolutamente, da glória daquilo que tal tarefa incumbe, unicamente, a nós, mas testemunhamos, pelo espírito de Cristo, nosso salvador, que as pedras se apresentariam se ao Seu divino plano faltassem executantes.

Confessio Fraternitatis

1

A REFORMA DO MUNDO

Admitamos, francamente, que nos tornamos aparências de homens. Nossa civilização ocidental segue a linha horizontal ordinária. Não há assustadoras alturas de realidade irradiante, nem profundezas de vida interior. É a uniformidade. A máquina inteira, à qual estamos tão familiarizados, este organismo com suas rodas e suas alavancas de comando, está doente, mortalmente doente, pois sua alma desapareceu.

O idealismo está limitado; tornou-se um materialismo ornado de algumas flores fanadas. A ciência está totalmente comprometida no impasse, e há anos a teologia está tão morta quanto na era atlante. A face coroada de espinhos aparece novamente no horizonte, enquanto o odor da pólvora ameaçadora rodopia em torno da Terra em grandes turbilhões. As abóbadas das igrejas ressoam de preces, preces sobre um Deus totalmente desconhecido, de balbucios sobre um Cristo que não se conhece, nem se confessa, mas que se crucifica cotidianamente.

Os homens não cessam de procurar, mas se ligam previamente a esta civilização, a esta cultura, e isto é vão. Vós bem o sabeis, vossos jornais e vossos livros falam disso; tomais conhecimento, falais de todas essas coisas e, antecipadamente, estais de acordo com todos esses escritos comoventes.

Mas por que eles não vos tocam? Por que nada se quebra em vós? Por que não sentis o frêmito da eternidade no tempo? Não acontece conosco como com *Elckerlyc*, no drama medieval do mesmo nome? A morte, enviada de Deus, vem a Elckerlyc e lhe diz: "Que caminho então tomaste, tão bem ornado? Esqueceste Deus?". Com toda a nossa civilização cristã, com efeito, esquecemos Deus. Escapa-nos o essencial, o urgente e o único necessário no que concerne à verdadeira salvação. Isto não é um sermão; os rosacruzes não gostam disso. Trata-se somente de sacudir-vos um pouco e de dizer-vos: deixai a linha horizontal e vede agora a realidade. Não compreendeis que o Logos intervém em nossa civilização doente? Que tudo está em processo de mudança? Que algo está acontecendo? E que fazeis? Trabalhais de manhã à noite, provavelmente por vosso pão cotidiano. Integrai-vos na vida ordinária. Labutais para os dias de velhice. Afligi-vos e escravizai-vos em vossa casa e fora dela. Quando tendes um pouco de repouso, ledes ou ouvis música atordoante. Vossa vida de homem não se limita a isso, apesar de tudo?

Sabeis a que o homem é chamado?

Sabeis o que o homem pode fazer?

Pertencemos à raça dos deuses! Fomos criados à imagem de Deus; em nós brilha a centelha divina.

Não se trata aqui de palavras fáceis e gratuitas ou mesmo edificantes, mas de flamas vivas da verdade eterna. Devemos libertar-nos das nossas limitações, do nosso espírito de escravos. Devemos ter consciência da nossa realeza!

Estas palavras têm o tom de demência e são perfeita loucura para o homem, animal gregário; mas nós escrevemos aqui para aqueles que são sensíveis à Gnosis ou, pelo menos, para aqueles que sentem algum interesse pelas forças da verdadeira Rosacruz, que se vão intensificando. É por isso que a missão da Ordem da Rosacruz e dos seus servidores é indicar os caminhos de libertação, pois, vede, vamos todos curvados sob a escravidão segundo o corpo, a alma e a consciência. Em nós deve manifestar-se alguma coisa de uma nova e santa paixão, esta santa necessidade de salvação que os salmos clássicos cantam. Alguma coisa do verdadeiro nascimento de Deus deve nascer em nós, alguma coisa do caminhar cotidiano com Cristo.

Milhares dizem conhecer Cristo; eles pronunciam suas palavras na ponta da língua, mas seus corações permanecem imóveis, e suas cabeças não O compreendem. Eles conhecem a oferenda sagrada do passado, mas nada sabem do rosto coroado de espinhos que aparece agora no horizonte. Da mesma maneira como, andando sobre a erva, esmagamos sob nossos pés a tenra vida da natureza, passamos ao lado desse rosto suplicante, nós que nos interessamos pelas variações da bolsa de valores. É por isso que a missão da Ordem da Rosacruz é dizer-vos quem é, o que é e como é Cristo, o que esse temível Espírito Solar deseja de nós, o que Ele quer e faz por nós. Não se trata de juntar devotamente as mãos para a prece, nem somente cantar os hinos, em uma política de espera negativa: "Ele faz bem todas as coisas". Não, *nós mesmos* devemos fazê-lo! Este é o prodígio do cristianismo. O foco do amor do espírito deve brotar em nós. A borboleta real deve libertar-se de nós, a fim de que, abandonando o alimento dos porcos, possamos elevar-nos para nosso Pai. Cristo é uma força, o Logos. Ele move o universo do nosso ser. Ele é tudo em todos, com a condição de reagirmos, consciente e dinamicamente, ao espírito de Deus.

Se conheceis alguma coisa desse êxtase sagrado, não podeis mais perseverar na espera repousante, mas procurais enfileirar-vos ao lado daqueles que preparam o mundo novo. Muitos homens são vítimas de esperanças malogradas. Anos cruéis enfraqueceram, com seu desejo, o desejo de Deus. Eles renunciaram a pensar, e os centros sensíveis estão mortos neles. Suicidaram-se vivos. Mas o aluno da escola de Mistérios não tem necessidade de reaquecer as esperanças malogradas, pois os dons maravilhosos que ele recebe sem medida ultrapassam suas esperanças mais audaciosas.

E o aluno torna-se assim um executante do Conselho de Deus. Ele pode falar com grande positividade, pois se elevou acima da linha horizontal, vê e conhece a reforma mundial que se aproxima. E assim essa positividade toma forma na *Confessio Fraternitatis* para trazer a mensagem da libertação às almas escravas que procuram e se afligem: "É por isto, ó mortais, que devemos declarar aqui: Deus decidiu devolver ao mundo, que desaparecerá pouco depois, a verdade, a luz e a dignidade, às quais Ele ordenou deixarem o paraíso com Adão, a fim de suavizar a miséria humana. É por isto que agora é necessário que abandonem todo o erro, toda a treva e toda a servidão que se apoderaram, progressivamente, das ciências, das obras e dos governos dos humanos, no curso progressivo da revolução do grande globo, de maneira que a maioria dos homens se obscureceu.

"Daí nasceu uma infinita diversidade de opiniões, alterações e erros que tornam a escolha difícil, mesmo aos homens sábios, que o renome dos filósofos de um lado e a verdade da sua experiência, de outro, mergulham na confusão. Quando, como temos a certeza, todas essas coisas tiverem desaparecido, teremos, em seu lugar, uma linha de conduta que permanecerá sempre a mesma. Ainda que ela se realize, graças aos obreiros, a grande obra é devida, em toda a sua amplitude, ao instante específico da nossa época bendita; e embora reconheçamos que muitos espíritos eminentes têm contribuído, com sua reflexão, para a futura reforma, não nos apropriamos, absolutamente, da glória daquilo que tal tarefa incumbe, unicamente, a nós, mas testemunhamos, pelo espírito de Cristo, nosso salvador, que as pedras se apresentariam, se ao Seu divino plano faltassem executantes".

Esta passagem da *Confessio Fraternitatis* coloca-nos diante de um terrível e grandioso conflito. Sabemos que esse influxo de verdade, de luz e dignidade está muito próximo. Não penseis, aqui, em um lapso de tempo de alguns anos, mas considerai que se trata do começo de uma nova era, em que uma luz e uma verdade novas poderão desenvolver-se plenamente e sem entraves.

Sabemos, além disso, que um número crescente de verdadeiros pioneiros prepara-se para este grande e poderoso trabalho, ao qual vós também sois chamados. Ao Conselho de Deus não faltarão, jamais, executantes, portanto, sabemos que o Conselho de Deus, o desenvolvimento do plano, o vir a ser das coisas, prosseguirá, sem interrupção, com uma força irresistível. Sabemos, igualmente, e devemos tomar consciência disso, que entre esse saber positivo e sua execução jaz a massa estúpida, os milhões de ignorantes, o rebanho.

Podereis ver isto como um grande quadro simbólico: de um lado, a luz que se aproxima; do outro, o Conselho de Deus, representado de uma forma ou de outra, como a dinâmica do giro dos séculos; e, no centro, a grande massa da corrente de vida humana, coroada por um número, relativamente restrito, de pioneiros, os executantes do Conselho de Deus. Uma triunidade cobre, assim, a corrente de vida humana: a vontade divina, Sua corrente transbordante de sabedoria e Sua atividade entre os pioneiros.

Compreendeis como esta situação é dramática? Vivemos em uma sociedade tão corrompida que não oferece nenhuma possibilidade de desenvolvimento ulterior. O dispositivo inteiro deve ser renovado, porém os chefes e aqueles que mantêm esse aparelho não o veem, e a maior parte da massa está demasiado inconsciente disso, mas a nova era se aproxima. O Conselho de Deus é inelutável! Os pioneiros trabalham febrilmente. O novo não pode ser contrariado. O que vai acontecer, então?

A consequência será uma terrível catástrofe. Um desastre, tal como uma tempestade que carrega tudo em sua passagem, e o mundo atual será destruído. Antes disso, os verdadeiros guias poderão tomar as rédeas nas mãos para o desenvolvimento ulterior da massa. Compreendeis a necessidade destas coisas? Há outro caminho? O mundo e a humanidade devem ainda suspirar durante milhões de anos sob sistemas que não encerram nenhuma possibilidade?

O esfacelamento divino é, portanto, necessário. E devemos viver tudo isso com grande seriedade; sabeis que Sodoma e Gomorra não teriam necessidade de ser destruídas se ali houvesse um número suficiente de justos? *E assim é agora.* Podemos suavizar muito, suavizar imensamente o grande sofrimento que vem sobre o mundo, lançando-nos com força em nosso trabalho de pioneiros, fazendo o máximo para influenciar a humanidade e conduzi-la à verdadeira vida. Isto já é um fato – a nova era vem sobre nós com grande força por intermédio do trabalho dos pioneiros.

Que possais compreender que não é o crescimento do Lectorium Rosicrucianum que nos impulsiona, mas o verdadeiro desejo de servir a Deus e ao homem, com todo o nosso coração, toda a nossa alma e toda a nossa inteligência; por isso é que vos incitamos, também, a tomar o grande e santo trabalho sobre os ombros. Veremos, no próximo capítulo, com mais detalhes, a estrutura da era que virá.

Da mesma maneira que a cabeça humana possui dois órgãos para ouvir e dois para ver, dois para cheirar e um para falar, e que seria vão exigir que os olhos falassem e que os ouvidos vissem, também houve épocas que viram, outras que ouviram e outras ainda que sentiram odor, e, em muito pouco tempo, virá a época, que se aproxima a grandes passos, em que a língua receberá a honra de exprimir tudo o que antes foi visto, ouvido e percebido pelo olfato. Depois que o mundo houver despertado do seu sono de embriaguez, bebido na taça envenenada, o homem irá ao encontro do sol nascente, ao raiar do dia, com o coração aberto, a cabeça descoberta e os pés nus, jubiloso e transbordante de alegria.

Confessio Fraternitatis

2

SERPENTARIUS E CYGNUS (I)

Em nossa qualidade de rosacruzes, sabemos que as coisas que hão de vir serão diferentes das coisas atuais e descobrimos que se trata de uma renovação do mundo. Embora nisto façamos exceção à massa, estamos tão firmemente convencidos desta ideia – que não é para nós uma hipótese, mas um fato gnóstico e científico – que nossa visão já antecipa um estudo detalhado da nova era; com efeito, quando certas linhas se desenham claramente, não podemos mais duvidar, mas devemos ir diretamente ao objetivo. Gostaríamos agora de refletir sobre esse objetivo, ocupando-nos do que se manifestará no começo e de quando se encetará a obra do novo, da qual é preciso tomarmos consciência.

Como dissemos, o rosacruz está perfeitamente em condições de se orientar segura e concretamente. Ele conhece e ouviu os verdadeiros mensageiros de Deus falarem, o que testemunha a *Confessio Fraternitatis*. Nós, que em nosso conhecimento mágico de vida, olhamos as estrelas, sabemos que a *Confessio Fraternitatis* fala aqui dos três poderosos princípios vitais dos tempos que virão, a saber: os planetas Urano, Netuno e Plutão. Quando a Confissão foi escrita, a astronomia exotérica não havia ainda descoberto esses três planetas, mas, os gnósticos, desde tempos remotos, tinham conhecimento destes importantes planetas dos Mistérios e sabiam o que significavam estes sinais poderosos do Conselho de Deus. E ainda agora – quando vivemos nos tempos em que Urano, Netuno e Plutão são conhecidos, sua órbita descrita, sua ação aclarada por pseudo-astrólogos –

aqueles que podem ler e penetrar o Livro da Natureza parecem muito poucos.

Urano, Netuno e Plutão, essas três forças de Deus, não são simplesmente ideias sublimes às quais a humanidade se elevará lentamente, mas leis poderosas, princípios primordiais, que penetrarão o corrompido, o degenerado e o criminoso, a fim de que, como diz a *Confessio Fraternitatis*, "depois que o mundo houver despertado de seu sono de embriaguez, bebido na taça envenenada, o homem irá ao encontro do sol nascente, ao raiar do dia, com o coração aberto, a cabeça descoberta e os pés nus, jubiloso e transbordante de alegria".

Nós ainda não chegamos a isso. Milhões de homens suspiram, agora que os primeiros clarões do sol nos afloram, imperceptivelmente, despertando-nos do nosso sono. Milhões de homens, curvados sob a inquietação e a dor, veem o sol de Deus correr em torno da Terra. Cada dia traz uma nova crueldade, um novo estímulo à corrupção. No entanto, tempo virá em que cada filho dos homens irá ao encontro do sol nascente, a cabeça descoberta, o coração aberto e os pés nus, feliz e desperto.

Não penseis novamente que esta Confissão é palavra amável e acalentadora para acalmar os homens nervosos: "Isto melhorará amanhã; tudo será diferente...". "Ir ao encontro do sol nascente, com a cabeça descoberta, o coração aberto e os pés nus" é uma expressão sutil e profunda. É a linguagem dos iniciados. É uma definição poética da vida dos iniciados e, quando sairdes do vosso sono, podereis e querereis fazer a mesma coisa. "Ir ao encontro do sol, com a cabeça descoberta, o coração aberto e os pés nus" indica também, simbolicamente, a triplicidade das forças divinas: Urano, Netuno e Plutão. Urano renova o coração, Netuno renova a cabeça, Plutão é o propulsor, o dinâmico, aquele que toca e esfacela.

O que é possuir um coração aberto?

Interpreta-se mais frequentemente esta expressão de maneira falsa, ou a compreende-se pela metade. Pensa-se geralmente: aquele que tem o coração aberto é um exemplo de amor atuante; para outros, é aquele que demonstra um máximo de sensibilidade, alguém amável por excelência... O gnóstico, entretanto, não se satisfaz com essas vagas indicações. A ciência gnóstica demonstra que o coração daqueles que se preparam convenientemente para a aprendizagem gnóstica deve, igualmente, sofrer uma mudança material. Essa parte do coração, que se encontra muito perto da coluna vertebral, perto do fogo espiritual espinal, é a tal ponto modificada que o coração inteiro passará a trabalhar como um músculo voluntário, de maneira que o espírito humano poderá conscientemente dirigir o motor do corpo humano, que é o coração; isso terá como consequência, entre outras, que o aluno poderá entrar, conscientemente, nos domínios interiores quando isso for necessário.

Essa grande transformação nos atinge pelas forças de Urano. Quando esse ponto de desenvolvimento é atingido, o aluno domina conscientemente seus sentimentos e os dirige. Ele pode pensar com o coração; em outros termos, não é mais vítima da emoção e do sentimento mal orientado. A tempestade de sentimentos não dominados que se desencadeia sobre ele não mais fere o coração e a vida dos outros.

Já encontrastes alguém que pode pensar com o coração, que possui essa sensibilidade consciente? Ele parece, às vezes, frio, impassível e desprovido de coração, mas um fogo ardente queima em seu ser. E esse fogo não é expandido inutilmente; ele não flameja e não consome. É o fogo eterno, livre de paixão e de emoção, que é enviado àqueles que caminham nas trevas. É o fogo do amor que não cria conflito, mas torna tudo belo e maravilhoso.

Somente quando puderdes compreender alguma coisa desse fogo é que podereis falar de amor. Deveis aprender a pensar com o coração e deixar tudo o que está talvez ainda em vós e perto de vós quebrar-se sobre a rocha do inelutável vir a ser. E não esqueçais, jamais, que na Gnosis e na escola dos Mistérios cada um pode ler gravado em letras ardentes: *"Tudo ou nada"*.

As formidáveis forças de Urano são temíveis; elas estão extraordinariamente dinâmicas em nossa época. Apresentam-se também como intuição. Que é intuição? Para os homens, "a intuição é um sentimento súbito, um pensamento repentino, provindo do exterior, às vezes, premonitório"... Mas essas indicações são vagas! A intuição, no sentido absoluto, é o intercâmbio cotidiano com Deus, uma vida continuamente em Cristo; dizemos que é estar em harmonia com o mundo interplanetário do espírito de vida, no qual o corpo, que foi preparado, pode captar as vibrações que são, portanto, gravadas na consciência. Esta é a verdadeira intuição.

Urano é como um fogo; é o Cristo que quer voltar para nós, nas nuvens do céu, como está escrito. Ele quer descer em nós, como a rosa branca, preencher inteiramente nosso sistema, até se tornar visível nas nuvens aurais do nosso ser, tal como a estrela de ouro, como linha de perspectiva em relação a tudo o que pensamos, queremos e fazemos. Todavia sabeis que, quando Cristo volta, quando a grande e santa lei de Urano se realiza em nós, a consequência inevitável disso é uma formidável reviravolta.

Nessa ótica, compreendereis melhor o profético capítulo 24, de Mateus. Simultaneamente a esse trabalho pessoal, efetua-se o trabalho de Urano para a massa. A lei de Cristo realiza-se neste mundo, é a tempestade de fogo de Aquário. Essa tempestade de fogo atinge e perturba, em primeiro lugar, o sexo feminino desta corrente de vida. A filosofia dos rosacruzes ensina que a mulher tem um corpo vital positivo e um corpo físico negativo. Essa polarização a torna, em geral, mais apta a receber as vibrações de Urano, a manifestar seu dinamismo neste mundo e a trazer aos famintos o fogo do amor de Cristo. É por isso que, na revolução mundial que virá, a mulher terá um papel muito dinâmico e grandes forças se desenvolverão nela. Por isso, também, é que vemos na Escola da Rosacruz atual o número de mulheres aumentar entre os alunos, enquanto antes os homens eram mais numerosos.

Esse fenômeno, que nos inquietou no início, encontra sua explicação no fato de que a Escola da Rosacruz servirá de escola preparatória ao futuro trabalho das mulheres nesse processo revolucionário. Da mesma maneira como nos séculos passados, a mulher, em razão de seus aspectos venusianos e por seu sacrifício, soube transformar a brutalidade do homem e reprimir a bestialidade marciana, deverá ela novamente fazer uma grande e imensa oferenda para quebrar e renovar, pelo fogo de Urano, a ilusão intelectual que aprisiona a metade da nossa corrente de vida e faz a humanidade sofrer indizivelmente.

As mulheres têm, assim, uma grande e magnífica tarefa a realizar. Uma tarefa de salvação geral, pela organização efetiva da resistência, puramente feminina. Não com o machado, o arco ou a foice, mas na força de Cristo e no fogo de Urano. Vemos já, em outros países, a formação de batalhões femininos na disposição militar; isto é um fenômeno negativo de Urano. É um erro, uma reação inconsciente às grandes coisas que se devem manifestar em breve. Se refletirdes sobre as coisas de que a mulher é capaz, se procurardes os traços na história do mundo e das maquinações políticas, sabereis que muitas páginas da história do mundo foram escritas pela mulher, mais frequentemente em segundo plano e não obstante positivamente. Se pensais na influência da mulher sobre o homem, sabeis que a mulher, por suas próprias características, é absolutamente capaz de pôr fim à marcha atual das coisas.

"Da mesma maneira que a cabeça humana possui dois órgãos para ouvir e dois para ver, dois para cheirar e um para falar, e que seria vão exigir que os olhos falassem e os ouvidos vissem, assim também houve épocas que viram, outras que ouviram e ainda outras que sentiram odor, e, em pouco tempo, virá a época, que se aproxima a grandes passos, em que a língua receberá a honra de exprimir tudo o que antes foi visto, ouvido e percebido pelo olfato".

Não se trata aqui de falar no sentido de tagarelar, mas de falar no sentido gnóstico e científico, falar no que respeita ao *fiat* criador, como "Deus fala e cria, ordena e é obedecido". Falar enquanto ação. Amigas, vede vossa tarefa! Tomai a iniciativa destas coisas. E compreendei bem que este é um pesado trabalho, é carregar a cruz, pois muitos se voltarão contra vós. Salvai o mundo pelo amor e pela ação. Compreendei que deveis ultrapassar vossos limites. Muitas mulheres têm um horizonte bastante limitado e pensam que sua tarefa culmina no governo da casa e na educação dos seus. Há nelas tantos impulsos primitivos e animistas, amor animal da progenitura, assim como aspiração a serem protegidas!

Não penseis que a corrupção deste mundo seja imputada à parte masculina dos habitantes da Terra e que aspiramos, impotentes, à ajuda das mulheres. Compreendei, imediatamente, que este pensamento é errôneo. O espírito de Deus e a alta vocação do homem falam nos dois sexos. Os dois sexos devem trabalhar junto o mundo, em perfeita colaboração e igualdade. O trabalho da humanidade não pode crescer se os dois, o homem e a mulher, não provarem sua dependência recíproca e não construírem a nova morada para seus irmãos e irmãs.

Verdadeiros servidores de Aquarius, visamos, com todas as nossas forças, estabelecer esta igualdade em todas as formas de existência; mostramos a nossas irmãs uma tarefa grandiosa e nova nos acontecimentos mundiais que virão; uma tarefa mundial de salvação, em que toda a superioridade intelectual desaparecerá. Assim como as mulheres suportam tudo por nós no período pré-natal, assim como engendram e preservam a vida na dor e na aflição, elas são também chamadas à manutenção e à elevação da grande onda de vida humana pelo amor de Urano, a força revolucionária de Aquarius.

Três estrelas brilham em Serpentarius e Cygnus: Urano, Netuno e Plutão. São três sinais poderosos do Conselho de Deus. Nós vos transmitimos, aqui, alguma coisa das intenções sublimes de Urano, a fim de que possais refletir sobre elas. As forças regeneradoras de Netuno e as forças de Plutão, que devem demolir as situações existentes, não são menos importantes.

Em Serpentarius e Cygnus, na Serpente e no Cisne, irradiam três poderosos mensageiros de Deus. Três forças sublimes se elevam da sabedoria clássica das serpentes e do puro amor do símbolo do cisne: Urano, que renova o coração; Netuno, que renova a cabeça; e Plutão, o impulso dinâmico que leva à demolição, incansavelmente. Esforcemo-nos por compreender, sem cessar, as leis eternas de Deus que vêm a nós por Serpentarius e Cygnus.

Quanto à primeira parte do que precede, acreditamos que as reflexões do nosso Pai Cristão, em relação a tudo o que a inteligência humana descobriu, aprofundou e completou desde a criação do mundo, seja por revelação divina, intervenção de anjos e espíritos, acuidade da inteligência ou experiência de observações cotidianas, são tão excelentes que, a partir delas unicamente, mesmo que o Deus todo-poderoso destruísse tudo o que foi escrito, a posteridade poderia assentar novas fundações para as ciências e erigir uma nova cidadela da verdade. Uma vez que o edifício atual está tão deformado, seria bem mais fácil agora alargar aí o espaço interior, fazer entrar a luz nas peças ou modificar portas, escadas ou tudo o mais, conforme nossa intenção.

Como tão sublimes conhecimentos poderiam nos parecer de pouco valor? Ter-nos-iam sido dados somente para tomarmos conhecimento deles? Ao invés disso, não foram eles julgados indispensáveis no tempo que lhes foi consignado?

Se Deus tivesse desejado, efetivamente, que o sexto candelabro se iluminasse somente para nós, não preferiríamos repousar na única verdade que os mortais procuram há tanto tempo, ao longo de tantos caminhos tortuosos e através de tantos labirintos? Não temer a fome, nem a pobreza, nem a doença, nem a velhice não nos bastaria? Não seria delicioso viver, constantemente, como se tivéssemos vivido desde o nascimento do mundo e se fôssemos viver até seu fim, viver de tal modo que aqueles que habitam do outro lado do Ganges não pudessem esconder-nos seus atos e os que vivem no Peru, seu comportamento; ler um livro como se o víssemos diante de nós; compreendêssemos e retivéssemos o conteúdo de todos os livros do passado, do presente e do futuro; cantar e salmodiar de tal modo que se atraíssem pedras preciosas em lugar de rochedos, o próprio espírito em lugar de animais, e se tocassem os soberanos mais poderosos do reino terrestre em vez de Plutão (o deus do reino dos mortos)?

Ó mortais, a decisão de Deus é bem outra, e outra também vossa vantagem, pois é para vós que foi decidido aumentar e multiplicar o número da nossa fraternidade nesta época. Acolhemos essa decisão com grande alegria interior, nós que tivemos acesso a tão grandes tesouros, sem nenhum mérito da nossa parte, ou melhor, sem nenhuma esperança ou expectativa. Executaremos esta decisão com tão grande fidelidade que mesmo as queixas infantis de alguns dentre nós não nos comovem, pois sabemos que essas riquezas inesperadas não podem ser herdadas nem transmitidas, senão com grande discernimento.

Confessio Fraternitatis

3

SERPENTARIUS E CYGNUS (II)

A filosofia gnóstica é uma ciência perigosa. Um dos maiores sábios de todos os tempos disse: "Muita sabedoria implica muita tristeza; aquele que aumenta sua sabedoria aumenta sua dor".

A ciência de que falava era a ciência interior, a ciência gnóstica, pois ele havia experimentado que se tentamos aproximar-nos dessa fonte de toda a sabedoria, em verdade, avançamos no fogo purificador. Ele havia descoberto que esta chama ardente atrai o conflito, ocasiona a ação que provoca o dilaceramento; havia descoberto que a aproximação desse fogo espiritual libera forças que não podem mais ser encadeadas.

A filosofia gnóstica é uma ciência perigosa. Para o pesquisador que, por seus esforços, entra nos templos santos da sabedoria, não há mais retorno possível. Ele deve avançar ou soçobrar. É a condição; a lei do mundo.

Sobre o caminho ascendente, há muita dor para o aluno que tenta preparar-se para uma oferenda perfeita a serviço da humanidade, assim como há, sobre o caminho de desenvolvimento, grande sofrimento para a corrente de vida humana. Através do vasto mundo ressoa um lamento: é a dor de parto da humanidade, e é a lei do mundo. Os veículos superiores se desenvolvem, a roda do mundo evolve, sobre um traçado, em espirais sem fim.

Cada giro tem sua exigência particular e a humanidade é constrangida a acompanhar, orientar-se e adaptar-se a ele; mas sobrevém a pressão do inferior, o amplexo de pedra da cristalização. Há a dualidade. Em sua eterna procura de compromisso, o homem tenta, primeiramente, salvaguardar um e outro. É então que intervém o dilaceramento, a dor. Quem aumenta sua sabedoria aumenta sua dor. Ou então é a queda! O retorno e a estagnação significam perecimento.

A sábia providência mediu esse processo, indizivelmente doloroso, no tempo e no espaço, segundo as possibilidades de desenvolvimento da humanidade. E se a filosofia gnóstica é agora uma ciência tão perigosa, é que ela representa o processo acelerado que se encontra também no coração das coisas.

Compreendeis que o homem que escolheu o processo acelerado deverá, por este fato, sofrer muitas dores e resolver numerosos conflitos em pouco tempo, mas o homem forte, o homem que viu alguma coisa da verdadeira luz, que contemplou seu brilho radiante no horizonte da vida, atravessa o Rubicão[1] para juntar-se à armada de pioneiros.

E o homem que entrevê o esforço divino, o sofrimento de Cristo neste mundo, escolhe, pleno de alegria, a via rápida que lhe permitirá elevar-se, porque ele quer libertar Deus e o homem, quer levar a tarefa a um bom fim. Esse processo rápido é a demonstração mais clara da lei do amor universal. Se a possibilidade de palmilhar esse caminho não existisse, haveria uma lacuna na realização do todo. Há dois caminhos de libertação e queremos chamá-los: o do amor e o da conformidade.

1• Dificuldade, obstáculo.

Se quereis salvar alguém dos redemoinhos infernais das forças inferiores, não o deixareis embaraçar-se, mas querereis segurá-lo vigorosamente, alçando-o para o alto, para a luz salvadora. Isto é o amor. É assim que existem dois caminhos: o da conformidade e o do amor. Não sentis esse impulso misterioso em vossa vida? Não sentis o sopro de Deus roçar-vos sem cessar? Não ouvis o chamado de Deus ao mundo? Não compreendeis essa linguagem do amor? Sentis, vedes a onipresença divina? Compreendeis esse impulso de amor que quer tirar-vos do erro e dos vossos limites até a verdadeira liberdade? Oh! Minha alma se parte quando este chamado vem a mim e eu não posso responder a ele, quando o inferior me estreita e me retém em suas garras...

Não compreendais essas coisas com vosso intelecto, mas com vossa sensibilidade mais profunda; sabereis então que o caminho, o caminho da iniciação, é o amor. Mesmo se não fizestes senão vislumbrá-lo, pusestes o pé no caminho e vos elevastes do abismo do tempo para a eterna imobilidade de Deus. Elevai-vos então na claridade do amor sem forma. Nosso Pai nos demonstrou tanto amor que nos enviou Seu filho: o Cristo!

É a Ele que amamos com toda a nossa alma, com todo o nosso coração, com toda a nossa inteligência. É o santo critério da Fraternidade da Rosacruz. É o fermento de Aquário. E vós, que nos acusais de intelectualismo, que nos identificais aos magos negros, que nos acusais de estar em conivência com as coortes das trevas, que pensais que poderíamos ter esquecido e renegado nossa mais santa vocação – *é ao Cristo que servimos*. Mas queremos fazê-lo em ação e em verdade; por isso somos revolucionários no sentido esotérico. Provamos esse misterioso impulso de amor em nossa vida e queremos indicar à humanidade a via de libertação sobre a qual desejamos precedê-la.

Assim como nosso Pai Cristão Rosacruz, o chefe místico da fraternidade dos rosacruzes, veio para a humanidade com as mãos estendidas para lhe oferecer seus segredos e seus tesouros de ouro espiritual, nós devemos continuar seu trabalho, segundo seu exemplo, em oferenda de amor. Se sentis e compreendeis algo dessas coisas, podemos falar-vos de Netuno, um dos sublimes mensageiros do Conselho de Deus, assim como vos falamos de Urano, no capítulo precedente.

Designamos Urano o renovador do coração e Netuno o renovador da cabeça, o que mostra, novamente, como a arquitetura cósmica está em harmonia com os fundamentos do cristianismo. Se quisermos sair das trevas para a luz, a renovação do coração é a primeiríssima necessidade: Urano! Se quisermos despertar, renascidos no espírito, perder-nos em Cristo é necessidade fundamental: Urano!

Se o mundo quer despertar da profunda noite terrestre para a nova aurora, condições devem ser criadas, caminhos, abertos, que permitirão compreender Cristo e encontrá-lo: Urano! Se quisermos compreender Deus por Netuno, devemos compreender Cristo por Urano: "Ninguém jamais viu Deus, mas o Filho unigênito do Pai nos fez conhecê-lo". "Como podemos amar a Deus, que nós não vemos, e, ao mesmo tempo, odiar nosso irmão?". Como podemos ser religiosos abstratamente e, ao mesmo tempo, pisar concretamente a religião, pela cabeça e o coração?

Por isso, antes de tudo, antes de toda a meditação: Cristo! Ele é tudo em todos, a chave áurea da porta de

Deus. Eis aí a mensagem de Urano. Essa é a essência de toda a magia gnóstica. Quando suprimis a síntese – Cristo, da vossa meditação mágica, praticais a magia negra. Se negais a mensagem de Urano neste mundo, preferis as trevas à luz. Por isso, a primeira sentença, gravada no túmulo de Cristão Rosacruz, como narra a história simbólica, é: "*Jesu mihi omnia:* Jesus é tudo para mim".

Queremos agora ir a Netuno pelas portas de Urano, afastando os véus de Ísis. Durante as horas da tarde, o Deus santo vem a nós, na prece da tarde. O fogo de Cristo abre para si um caminho pelas portas da rosa branca. É o fogo purificador que perturba o coração e leva a hipófise a uma vibração superior. Assim começa a noite. Quando Cristo vem a nós, na prece da tarde, quando o dia caiu, as horas da noite chegam naturalmente. Somos então enviados, na noite, a noite do mundo, para fazer nosso trabalho como verdadeiros mensageiros da luz, como auxiliares visíveis e invisíveis. Aquele que é inflamado no fogo de Cristo, como um archote, tornou-se um auxiliar, um arauto do ato. Ele leva a cruz! É aquele que deseja, intensamente, tornar-se um auxiliar invisível.

Sabeis o que significa servir a Cristo na noite do mundo? Sabeis o que significa ajudar aos doentes, doentes segundo o corpo e a alma? É levar a cruz, e é o sofrimento. Mas depois da noite vem a manhã da realização.

Netuno, o divino, vem a nós na prece da manhã e deixa seus traços nesse maravilhoso órgão que todos nós possuímos, a glândula pineal; e ali, no crânio, a morte sobre a cruz se realiza, e nós nos elevamos, ressuscitados, para o zênite, onde estão as forças do

Espírito Santo, onde Plutão celebra seu triunfo, onde as chamas flamejam – o fogo de Pentecostes – e o véu de Ísis desaparece definitivamente. Então, o diadema brilha na fronte das almas humanas e o *fiat* criador é percebido e pronunciado. O homem tornou-se então, verdadeiramente, Homem.

Netuno, o renovador da cabeça! O Homem criado à imagem de Deus! A cabeça é a intérprete da ideia de Deus. É o caminho do aluno, o caminho do Filho de Deus. Mas a massa humana jaz ainda ligada ao inferior; ela não pode perceber as vozes das forças divinas... Entretanto, Netuno trabalha. Como o Pai trabalha através do Filho, o Filho trabalha através do Pai.

Lá onde o homem chamado liga-se ainda ao inferior e não quer libertar-se, Netuno vem como envenenador, como portador de caos, de crise, apressando a degenerescência, provocando o câncer, como o Deus da Antiga Aliança; compreendeis agora por que o Antigo Testamento está em vossa Bíblia. Deus é um fogo devorador, quando o homem não quer aceitar o fogo de Cristo. Vede a tensão nervosa atual, a carga elétrica, como o apelo de Urano; e a contínua decadência, como o processo de envenenamento de Netuno, até que sobrevenha a morte, por Plutão. Sombrio e tenebroso é o rosto da humanidade que prossegue seu caminho de cabeça baixa.

Mas Netuno é, igualmente, o renovador da cabeça e aquele que purifica, o recriador do começo, o santo Criador de Quem e por Quem são todas as coisas. Por isso o chamado libertador ressoa novamente no mundo, e a *Confessio Fraternitatis* fala dos sinais do Conselho de Deus que brilham no Serpentário e no Cisne. Por isso o chamado de Netuno vem a um mundo despedaçado para levá-lo à ressurreição, pela renovação da cabeça. E os servidores de Deus, os alunos da escola de Mistérios, prestam atenção a esse chamado, a fim de construir, a partir da base, esse processo de renovação. E abandonamos nossa meditação mística para começar nossa tarefa, tendo os dois pés solidamente plantados em terra firme.

Assim como a realidade de Urano inspira, entre outras coisas, o feminismo, Netuno nos coloca diante de outro sistema de educação, diante da manifestação de uma nova escola de pensamento, que se exprime em nossos dias nas escolas da Rosacruz. A nova escola conduzirá os adolescentes seguindo as linhas que os antigos irmãos mostraram à humanidade, a fim de que todas as forças superiores do homem possam desenvolver-se, e ele seja conduzido a seu verdadeiro destino na Era de Aquário, isto é, a unidade do espírito, da alma e do corpo.

Vivemos num tempo em que o sistema de ensino se adapta totalmente às exigências desta natureza. Os rapazes e as moças são levados a se tornarem cúmplices da corrupção instituída. O frenesi dos diplomas é causa de um imenso sofrimento para os jovens. Os melhores mentirosos e os mais hábeis mistificadores vivem bem, materialmente, neste mundo e suas situações são apresentadas à juventude como o objetivo da vida humana. E vós, pais, que, em razão do vosso orgulho e do vosso atavismo, enviais vossos filhos às escolas secundárias e às universidades, sabeis bem o que os ameaça aí? Sabeis como esses ensinamentos são vazios dos valores de eternidade? Sabeis a que ponto abandonais vossos filhos ao lento e sinistro processo de envenenamento?

Vós o fazeis porque se exigem diplomas, trapos sem valor, como a prática já demonstrou muitas vezes, e vos abrigais atrás da vossa angústia. Não é evidente que, como escreveu um grande pedagogo, os pais podem ser os piores inimigos de seus filhos? Nós todos o constatamos suficientemente, mas não podemos parar nessa constatação. Reconhece-se o aluno da Gnosis, o servidor do fogo, pelo que ele rompe com o que é carcomido e cristalizado e assim constrói uma nova morada.

O novo sistema de ensino harmonizar-se-á com o único objetivo da existência e dará uma educação conforme a vocação da humanidade, desprovida das mentiras sociais do nosso tempo e das influências embrutecedoras da decadência. "Quem aumenta sua sabedoria aumenta seu sofrimento". Se quereis construir conosco, se quereis entrar na fileira dos pioneiros, sofrereis muito. A ciência interior que inspira o ato invoca o conflito interior; ela fustiga até o ato do despedaçamento e por isso a ciência gnóstica é uma ciência perigosa.

Mas seu único princípio, seu princípio exclusivo, é o amor. Sentis esse impulso secreto em vossa vida? Sentis o sopro de Deus roçar-vos sem cessar? Sentis essa santa presença? Compreendeis esse impulso de amor que quer alçar-vos do vosso erro, das vossas limitações, até a verdadeira liberdade? Vós o concebeis, o compreendeis e por isso não podeis voltar atrás. Quando a santa presença vos toca, um círculo mágico é traçado em torno de vós, de onde não é mais possível sair.

E conosco, as mãos juntas, balbuciais a formidável prece de Cristão Rosacruz: "*Jesu mihi omnia* – Jesus é tudo para mim".

Deus já enviou mensageiros da Sua vontade, estrelas aparecidas no Serpentário e no Cisne, os grandes signos do seu poderoso Conselho, a fim de nos ensinar que, se tudo que o gênio humano descobriu fosse reunido, Ele o faria servir a sua disposição oculta. O Livro da Natureza é, por conseguinte, desvendado a todos os olhos, mas bem raros são aqueles que o podem ler e, mais raros ainda, aqueles que o podem compreender.

Confessio Fraternitatis

4

SERPENTARIUS E CYGNUS (III)

"Deus já enviou mensageiros da Sua vontade, estrelas aparecidas no Serpentário e no Cisne, os grandes signos do seu poderoso Conselho, a fim de ensinar-nos que, se tudo que o gênio humano descobriu fosse reunido, Ele o faria servir a sua disposição oculta. O Livro da Natureza é, por conseguinte, desvendado a todos os olhos, mas bem raros são aqueles que o podem ler e, mais raros ainda, aqueles que o podem compreender.

"Da mesma maneira que a cabeça humana possui dois órgãos para ouvir e dois para ver, dois para cheirar e um para falar, e que seria vão exigir que os olhos falassem e que os ouvidos vissem, assim também houve épocas que viram, outras que ouviram e outras ainda que sentiram odor, e, em muito pouco tempo, virá a época, que se aproxima a grandes passos, em que a língua receberá a honra de exprimir tudo o que antes foi visto, ouvido e percebido pelo olfato. Depois que o mundo houver despertado do seu sono de embriaguez, bebido na taça envenenada, o homem irá ao encontro do sol nascente, ao raiar do dia, com o coração aberto, a cabeça descoberta e os pés nus, jubiloso e transbordante de alegria".

Descobrimos que os poderosos sinais do Conselho de Deus de que se fala aqui podem ser identificados como os três planetas dos Mistérios: Urano, Netuno e Plutão. Urano, o renovador do coração; Netuno, o renovador da cabeça; Plutão, o recriador final. Urano nos ensina a pensar com o coração ou, dito de outra maneira, a dominar nossos sentimentos caóticos, a fim de que nossa vida emocional, verdadeira síntese de Cristo e justa expressão do coração, não fira, não cause dano, não dilacere, mas que, dominada e bem dirigida, suavize, embeleze e purifique tudo.

Por isso, temos atualmente a experiência pessoal do caos na vida sentimental. Isto nos consome e nos rói interiormente, como uma tempestade que arrasta tudo, dilacera, arranca e destrói, submetendo os melhores dentre nós à prova. Não se passa um dia sem que o telefone, uma carta ou uma conversa nos fale de um divórcio ou de todas as espécies de notícias importunas e funestas, que vêm deslocar a ordem das coisas. Os homens se queixam de suas mulheres, as mulheres de seus maridos. Os homens e as mulheres destroem, consciente ou inconscientemente, a alegria, a paz, o pleno desabrochar e o karma dos outros.

É claro que os que estão mais fortemente dominados por Urano estarão, em primeiro lugar, sob a influência negativa de Aquário. Mas está bem claro que a tempestade de fogo de Aquário não pode culminar no caos da vida sentimental e que, se perseverarmos nesse comportamento negativo, o que se acreditava poder ser "subida ao *céu*" torna-se depressa "descida aos *infernos*". Não há ninguém entre nós que, de um modo ou de outro, não haja sofrido, não sofra ou não encontre essa prova. Trata-se de saber se sucumbireis nessa prova e sereis encontrados inaptos para a nova era ou se vencereis e sereis renascidos para a outra tempestade de fogo de Aquário.

Como chegar a esse renascimento? Compreendendo a verdadeira síntese que é o signo celeste de Cristo pela abnegação e renúncia de si mesmo. O Urano místico diz: "Quem quiser perder sua vida, conservá-la-á" – é a negação total da personalidade, a extirpação dos entraves que nos retêm, o passo fora do círculo do eu para servir à humanidade, para entrar conscientemente no sofrimento coletivo da massa, a fim de aí despertar o átomo divino para o ato. Essa abnegação, essa impessoalidade, esse tudo em todos é um dos elementos mais libertadores do Sermão do Monte.

O que é mais importante em nossos dias?

Ser feliz? Entrar na libertação? Estar ao abrigo segundo o corpo, a alma ou o espírito? É isto que se procura comumente. Se procuramos a libertação da nossa personalidade, não a encontraremos jamais. É esta a nossa busca do céu? Pobres cristãos! Se nosso próximo e, sobretudo nós mesmos podemos ir ao céu, então, tudo vai bem. Trata-se, porém, de algo prodigioso: a libertação da humanidade. Por esta razão é que os grandes de espírito vêm entre nós, é por isto que o espírito de Cristo suporta e sofre, e é ainda por isto que um grupo de pioneiros, já há anos, escolheu a divisa: "Obediência ao trabalho, ao santo trabalho de Deus". Tudo, absolutamente tudo, deve inclinar-se diante disso. "Aquele que ama seu pai ou sua mãe mais do que a Mim não é digno de Mim", diz o Cristo; em outros termos, o Cristo interior quer nascer em nós, a verdadeira libertação e a verdadeira alegria querem manifestar-se; vós conheceis esse caminho. É o dinamismo positivo de Aquário; é servir Cristo. É esse dinamismo de Aquário que nos deve levar à renovação da cabeça, a Netuno.

Se reagimos negativamente a Urano, são o envenenamento e a divisão de Netuno que vêm, inelutavelmente, a nós. Se arriscamos a grande aventura que o cristianismo nos propõe, o divino esplendor luminoso de Netuno transparece. Após a renovação do coração, o estabelecimento do verdadeiro amor, vem a renovação da cabeça, o despertar no Ser abstrato que inflama a centelha divina. O fogo ardente consome o véu de Ísis e o grande milagre se realiza; após "*Jesu mihi omnia* – Jesus é tudo para mim", o irmão liberto da Rosacruz enche-se de júbilo: "*Jesu, Deus et Homo* – Jesus, Deus e Homem".

Deus e Homem estão reunidos: o filho perdido voltou a casa.

Mas a *Confessio Fraternitatis* deseja ser completa, e devemos agora falar de Plutão, pois, em relação ao trabalho de Urano e Netuno, o trabalho de recriação de Plutão afigura-se ainda superior ao homem verdadeiramente desperto. Plutão é a empresa vigorosa, o portador de archote que lança sua tocha inflamada na casa carcomida e deteriorada.

Compreendei-o bem: falar dessas coisas é muito belo, mas como o *fazeis*? Como as *realizais*? Como arrancar de si, de seu próprio coração e de sua própria cabeça o que é corrompido e vil? Como se libertar da miséria? Compreendeis bem que isso é o mais importante? E, para isto, temos necessidade do Espírito de Plutão. Há homens que, como bons meninos, vagueiam toda a sua vida com um ideal programado: arengas de Natal, lágrimas da Sexta-feira Santa e ovos de Páscoa. Comidos estes, a alegria desapareceu! Por isso a humanidade foi tomada e precipitada no inferno que ela própria criou, com igrejas e campanários, salmos, poetas, pensadores, falsos filósofos, alunos rosacrucianos e outros esoteristas, com nossos livros e nossas fórmulas – precipitada no inferno!

Que o verdadeiro cristão aja! "Não é aquele que diz 'Senhor, Senhor!' que herdará o reino de Deus, mas aquele que faz a vontade de meu Pai". "O que fizestes pelo menor dos vossos irmãos foi a Mim que fizestes". Isto é Plutão. Se fordes penetrados por este espírito, podereis compreender Plutão. Plutão, que executa, que demole, que recria. Plutão é, no processo individual de libertação gnóstica, o recriador, o regenerador do santo poder criador do homem. O superior só pode irromper na medida em que o inferior é subjugado, neutralizado. E o que vale para um vale também para o conjunto.

O desenvolvimento da humanidade realiza-se segundo um plano determinado. Alunos da Escola Espiritual gnóstica, aprendemos que cada espírito deve tornar-se uma entidade autocriadora à imagem e semelhança de Deus. Por isso, a consagração ao serviço da libertação da humanidade é a base do caminho em espiral ulterior e o escalão no caminho de desenvolvimento posterior da humanidade. Para isso, todos os entraves devem desaparecer da nossa vida. Eis por que o emprego errôneo das funções criadoras é sancionado pesadamente. É este o trabalho que Plutão executa, o Santo Espírito da Vida.

Ele o executa através de nós, através da humanidade. Um povo é uma prova para outro povo, porque a massa está ainda muito inconsciente. Sacudidelas violentas serão necessárias. Nós as esperamos, em plena consciência. Conhecemos o trabalho regenerador do Conselho de Deus, que Ele manifestou no Serpentário e no Cisne.

Por isso, queremos consagrar todo o nosso coração à tarefa de Netuno e ao ato recriador de Plutão. É assim que servimos Aquele que é, que era e que será o Senhor da Vida, o Cristo. Esse onirealizador, o começo e o fim de toda a realização Rosacruz; esse Cristo, segundo a eterna lei do amor universal, fez-se prisioneiro da Terra. O sangue desse Santo derrama-se agora, gota a gota, com monótona regularidade, no jardim de Getsêmane; a luta recomeçou.

E a humanidade continua a dormir tranquilamente. O grito de dor d'Aquele que sofre abala o mundo inteiro: "Não podeis velar uma hora comigo?". E segue-se o ressoar das palavras divinas como se fossem terríveis e repletas de amarga ironia: "Continuai a dormir; vede, aquele que deve Me trair está próximo".

Da mesma maneira como Ele introduziu Seus caracteres e Seu alfabeto nas escrituras santas, Deus os gravou claramente no curso da maravilhosa obra de criação, nos céus, na terra e nos animais. Assim, da mesma forma como o astrônomo prevê os eclipses, conhecemos com antecedência as ocultações da Igreja e suas durações. É de tais caracteres que tiramos toda a nossa magia; partindo daí, construímos uma nova linguagem, em que se exprime a essência das coisas. É um fato, portanto, que nossa expressão, em outras línguas e neste latim, seja pouco sutil, pois essas línguas que, certamente, não possuem mais o perfume da língua de Adão ou de Enoque perderam seu caráter sagrado na confusão babilônica.

Confessio Fraternitatis

5

A NOVA LÍNGUA DA MAGIA

Aqueles que estudam a *Confessio* compreenderão que esse antigo escrito não é uma profissão de fé no sentido consagrado, que não é, portanto, uma exposição dogmática daquilo que convém ou não convém ao pensamento rosacruciano, mas que essa confissão, se a examinamos de mais perto, revela-se como uma poderosa profecia. Se afastamos o aspecto por vezes simplesmente exotérico, o conteúdo universal e ilimitado desse texto ressalta, e vemos estender-se de um horizonte a outro, tal como uma vasta abóbada, o caminho resplandecente da verdade.

Assim como o arco da promessa contém todas as cores visíveis e invisíveis, cores inerentes aos sons de harmonia das esferas, de maneira que podemos falar não somente de um espectro de cores, mas também de um espectro sonoro – lei contra a qual nenhum artista mágico pecará –, do mesmo modo o pesquisador que aplica a verdadeira chave dessa antiga sabedoria libera uma onda de sabedoria tão poderosa, tão penetrante, que nos submerge.

Existe no campo astral um lugar chamado Monte Sagrado. O aluno que se aproxima do Monte Sagrado pela primeira vez tenta sua escalada. Com uma energia desmedida, lança-se sobre as encostas escarpadas, pois, vendo o Monte, pensa em uma nova prova. Ele estende as mãos e retesa os músculos, mas, quando quer agarrar-se às primeiras pontas de rochedos para erguer-se, suas mãos estreitam o vazio, pois os rochedos são irreais. O Monte Sagrado não é um maciço pedregoso, mas um complexo de forças.

Ao descobrir isto, é tomado de vertigem; tenta, então, penetrar o Monte, mas, desde o primeiro passo, é repelido. Ele bate a cabeça contra um muro: o Monte Sagrado transformou-se, para ele, em seu contrário. A força se manifesta em matéria. Tal é a ilusão da nossa época, ilusão sobre a qual repousam as filosofias, ilusão que faz tropeçar um Hegel e sua dialética; a noção errônea das relações entre força e matéria e sua mútua interação nesta natureza imperfeita. O homem se agarra à matéria para elevar-se. Quer elevar-se, abraçando a matéria. Fazendo isto, porém, ele descobre que as forças materiais são relativas, que, no fundo, elas não existem absolutamente, que são fictícias e limitadas. Ele atravessa uma crise. Descobrindo que a matéria é uma força, tenta irromper através da matéria, e a dialética se manifesta. A força o repele, e ele rola na poeira da relatividade, raspa-se com lascas de barro, e o drama clássico de Jó se repete mil vezes.

O homem não aceita Jó e não o conhece, fecha-se na dialética. À elevação segue-se a queda; ao progresso, o recuo e, assim, indefinidamente. O mistério do Monte Sagrado continua um enigma insolúvel. Está escrito a respeito de Jó: "Em tudo isto, Jó não pecou", sua confiança e sua fé continuaram inquebrantáveis. Assim, o aluno encontra a forma de abrir o Monte. Ele pronuncia a palavra, exprime a fórmula mágica pela qual o arco do Senhor se manifesta: a porta se abre, o peregrino pode entrar.

Qual é essa palavra, qual é essa fórmula mágica? Por que milagre toda a dialética é abolida?

O maior milagre encontra-se na simplicidade das coisas. Vós todos conheceis essa palavra mágica; encontrá-la-eis em vossa Bíblia, tendo sido repetida fastidiosamente em vossas preces. Vós a usastes até que ela perdesse todo o sentido. A fórmula mágica com a qual o aluno abre a porta do Monte Sagrado é a palavra de Cristo, o fundador dos Mistérios cristãos: "Que Tua vontade seja feita".

Quando um ignorante pronuncia esta palavra, sem compreensão verdadeira, a calma o invade, uma expectativa acompanhada de pensamento de que uma força exterior, isto é, Deus, o fará. Mas o aluno empenhado no caminho, que descobriu que a vontade universal se manifesta no mais profundo do seu ser e quer revelar-se por ele, tal aluno que penetrou o Monte Sagrado, graças ao serviço de amor que se dá em oblação, conhece o repouso e a segurança, conhece a força divina que habita nele; e aproxima- se do Monte Sagrado, com essa palavra que não convém ser expressa muito frequentemente. Como Moisés, na simbólica narração do Antigo Testamento, toca o monte com seu bastão, com sua magia, de maneira que a água da vida brota, assim o Monte da consecução arrebata o aluno que amadureceu. A água viva de uma incomensurável sabedoria o submerge. Ele é conduzido ao ilimitado, de onde nenhum retrocesso é possível.

Toda a sabedoria se autoprotege. Vossas mãos ímpias não podem apoderar-se dela; no entanto, ela está presente para todos. Outrora, a sabedoria irradiava pelo canal das escolas de mistérios; não podia ser de outra maneira, e a sabedoria não podia ser compreendida de outro modo pelos filhos dos homens. Atualmente, porém, uma nova linguagem mágica nos é dada, que não vem de nós, mas que é ensinada pela *Confessio Fraternitatis* e que nestes anos prodigiosos exerce seu poder sobre nós. Sob o desígnio sublime do Espírito de Cristo, a tarefa da escola de Mistérios, do mestre, dos irmãos mais velhos, das religiões e demais meios de auxílio, tornou-se totalmente outra. Trata-se agora do caminho e da própria vida.

Durante o estágio de involução e nos primeiros tempos da implantação do processo de evolução, todos os grandes em espírito aplicaram-se a desenvolver, entre os grupos de pioneiros, todos os valores que colocariam o homem no estado de atingir o Monte da consecução. Nosso organismo espiritual e material está perfeitamente provido, assim como o caminho está aberto, há eões. Nos dias de Noé, o arco da promessa já irradiava no firmamento espiritual. Assim, o caminho é a base, a ponte áurea para o objetivo; e Cristo e seus servidores trabalham na manutenção dessa ponte que é continuamente atacada pelas forças da magia negra.

Aí está a própria vida; aí nós estamos. Devemos seguir esse caminho de degrau em degrau, na força de Cristo. O caminho não é o objetivo; a própria vida é o objetivo. Nesse fragmento de criação eterna, em que representamos um papel primordial, na qualidade de espíritos virginais, trata-se do tornar-se consciente das entidades humanas. É o grande drama que representamos juntos há milhões de anos. Acontece o mesmo para as escolas de mistérios, de maneira que aquelas que conhecíamos outrora foram abolidas e totalmente renovadas.

Quando os curadores enviados por Cristo voltaram, tendo realizado seu trabalho e cheios de de entusiasmo e força, Ele lhes disse estas palavras: "Em verdade vos digo, fareis maiores coisas que estas". Assim como, no presente, a ponte de aproximação se forma e se mantém por Cristo e seus auxiliares, no futuro, deveremos formar a ponte para nossos irmãos e irmãs que ainda não estão no caminho. Por isso, todos aqueles que estão conscientes, aqueles que ouviram o chamado, são atraídos para o Monte Sagrado. No Monte, serão transformados em pedras áureas, em pedras dos sábios, e trabalhados no arco do Senhor, a ponte áurea.

Quando Cristo diz: "Trabalhai por vossa própria salvação, em temor e tremor", Ele não quer dizer "cada um por si e Deus por todos!"; mas Ele vê o mais alto grau de fraternidade na verdadeira amizade. Ninguém pode atingir a libertação sem a libertação do outro. Devemos esperar uns pelos outros; formamos juntos uma hierarquia de entidades, um corpo, um organismo palpitante; por isso, a inimizade e o ódio não têm sentido, pois, segundo a lei natural, eles devem transmutar-se, afinal de contas, em amor e amizade. Assim, devemos amar nossos inimigos e bendizer aqueles que nos odeiam. Isto é a realização da mais alta lei e dos profetas, a lógica mais pura que podeis perceber. Mas a lei do amor é dura; ela exige tudo ou nada. A lei do amor não é o pacifismo. A lei do amor demole.

"Deus é amor", lemos na Bíblia. Mas Deus é também um fogo devorador. Quando a lei do amor quer realizar-se em nós, um dilaceramento absoluto de todo o antigo é necessário. O amor não cresce em um solo sujo, o amor não se compraz nas trevas, o amor não busca nenhum compromisso.

O amor verdadeiro é plenitude desde o primeiro começo e tudo está dito. Esse impulso de amor vai adiante e rompe tudo o que parece resistir-lhe; o amor pode tudo. Devemos formar a ponte de acesso pela auto-rendição e o serviço. Graças à nossa oferenda, os irmãos e irmãs que nos cercam podem ser atraídos, e nossos inimigos, aqueles que nos odeiam, podem dar um novo passo no desenvolvimento humano. Cada alma que colabora nesta grandiosa missão pode contribuir para prevenir uma efusão de sangue. Toda a alma que ouve o chamado e o repele faz seu próprio julgamento.

Falamos, assim, a nova linguagem da magia. Os caracteres dessa linguagem foram claramente "gravados nos céus, na terra e nos animais, no curso da maravilhosa obra de criação", de maneira que podemos, realmente, saber com antecedência o que vai acontecer. Foi desses caracteres que tiramos nossa escritura mágica. Exprimimo-nos, nestes anos, em uma língua nova, porque não podemos fazê-lo à moda antiga, no velho latim. As línguas antigas, as antigas maneiras pelas quais nós vivemos e sofremos, não estão mais em harmonia com a língua de Adão e Enoque. O que quer dizer isto? Adão é o caminho da humanidade. Enoque é o da iniciação. De modo algum encontramos "Babel", a porta de acesso, se nos aferramos à língua antiga, à confusão da Babilônia. Compreendeis como nosso tempo é crítico, como é desconcertante, sufocante? Todos os sistemas de libertação pensados pelos homens, no presente, agarram-se às antigas línguas. Todo o idealismo é religado, encadeado, ao "velho latim". A Igreja e a religião estão aí fortemente ancoradas.

Por que a escola de Mistérios entrou atualmente no período de revelação? Porque mesmo o pesquisador da senda esotérica, mesmo o aspirante sério continuam mais ou menos a exprimir-se no "velho latim", continuam a aferrar-se a este mundo e a sua reconhecida falsidade. Por isso, a nova linguagem da magia deve, primeiramente, rasgar os céus. É por esta razão que o mundo deve ser e será sacudido em suas bases, porque a lei do amor o exige com o seu "tudo ou nada". Então, ouvir-se-á e compreender-se-á a língua de Adão e de Enoque, e a escola de Mistérios poderá realizar sua tarefa em toda a sua amplitude.

Em um grito imenso, o chamado de Deus ressoa pelo mundo. Ressoa como um toque de clarim. E os iluminados gritam: "Oh, parece que os céus se rasgam!". E, em verdade, os céus se rasgam! E a nova linguagem, calcada nos caracteres eternos de Deus, é manifestada. É o chamado de Aquário, do cristianismo vivo. Vede as nuvens sombrias, mas, atrás delas, cintila e irradia a luz do Monte Sagrado. Emitimos o mantra sagrado, conscientemente, positivamente, impulsionados pela lei do amor que quer salvar a humanidade. Então rasgam-se os céus, e o arco da promessa, a porta de acesso, a verdadeira Babel, se manifesta, e ouve-se o coro invisível acompanhado de címbalos e flautas. "Eis a porta do Senhor, pela qual entrará o povo liberto".

Que Tua vontade seja feita. Amém.

Não devemos deixar de incitar-vos a uma leitura assídua e ininterrupta das escrituras santas, enquanto algumas plumas da águia se encontram no caminho. Aquele que encontra nisso grande prazer deve saber que se aproxima muito da nossa fraternidade, pois aí está a essência do nosso saber, que não tenha havido, neste grande milagre do mundo, nenhuma silaba que não tenha sido inscrita em nossa memória. Assim, aqueles que fazem deste único Livro o fio condutor da sua vida, o objeto mais sublime da sua aspiração ao conhecimento e à representação do universo, estão muito próximos de nós e são nossos perfeitos semelhantes. Não desejamos que tenham continuamente a boca cheia desse livro, mas que aproximem bastante e de forma consequente o sentido de todas as épocas do mundo. Tampouco temos o costume de desonrar a palavra da sabedoria divina como alguns que – uma vez que o número de interpretações é sem limite – defendem a opinião do seu próprio grupo ou como outros que, utilizando a velha mesquinharia, ridicularizam as exegeses, maleáveis como a cera, que servem ao mesmo tempo aos teólogos, aos filósofos, aos médicos e aos astrólogos.

Que, ao invés disso, seja nossa tarefa testemunhar que, desde a origem do mundo, o homem não recebeu obra mais maravilhosa, mais grandiosa e mais salutar que a dos livros sagrados. Bendito seja aquele que os possui, mais ainda aquele que os lê e bem mais aquele que aprende a conhecê-los em profundidade, enquanto aquele que os compreende e se põe a seu serviço é, de todos, o que mais se assemelha a Deus.

Confessio Fraternitatis

6

O LIVRO MARAVILHOSO

Nós, que procuramos os sinais dos segredos ocultos, sabemos que em todo o universo reinam sistema e ordem, que o Todo se realiza de eternidade em eternidade, segundo leis imperecíveis.

Nós, que rasgamos pouco a pouco os véus que nos separam do inexprimível, descobrimos o plano em sua realização. Nós, que examinamos as relações entre macrocosmo e microcosmo, vemos o grandioso equilíbrio universal. Nós, que escalamos os degraus estreitos da escada de Mercúrio para elevar-nos, conscientemente, aos mundos invisíveis, vemos as correntes de vida dos reinos da natureza ondularem no éter.

Nós, que nos aproximamos do Grande Silêncio, ouvimos a Voz do Silêncio. Nós, alunos da Escola Espiritual, que entramos no templo do espírito, concebemos a glória do pensamento abstrato. Nós, servidores do fogo, escrutamos, profundamente, as fontes do poder humano. Sabemos para que o homem é chamado, por todo o sempre. Nós, colhedores de rosas no jardim de Fohat, vemos, como em uma distorção dos sentidos, precipitar-se a evolução, de horizonte a horizonte, como um relâmpago.

Nós, que aumentamos assim nossa ciência, ampliamos nosso horizonte, fazemos crescer nossa consciência, carregamos nossas forças com energia dinâmica, vamos do assombro à admiração e passamos da profunda surpresa à adoração balbuciante; chegamos à humildade e à religião. Nós, de quem disseram que dirigiríamos a fria inteligência para a coisa suprema, sentimos como nosso saber culmina em sua convicção profundamente religiosa.

Curvamos os joelhos diante da majestade de Deus porque, após profunda sondagem, a intervenção divina se comprova em todos os reinos; porque experimentamos a força que impulsiona todas as coisas, a energia sublime que sustenta nosso planeta através do espaço, a Luz do mundo: Cristo. Assim, a Ordem da Rosacruz é, sem nenhuma restrição, cristocêntrica. Não somente *in abstracto,* mas até o menor detalhe e, sobretudo, na pura terminologia crística que ela utiliza.

Se abandonássemos esta última, estaríamos errados do ponto de vista puramente gnóstico, pois privaríamos nosso trabalho, no mundo, da força tão necessária. Gostaríamos de tentar demonstrar-vos por quê. Existem hoje muitos brilhantes representantes da humanidade que transmitem à multidão valores muito altos e profundamente morais, valores necessários à continuidade da vida, segundo o plano de Deus para o mundo e que devem ser comunicados, com força, a certos grupos. Não se pode, contudo, comparar essas coisas, verdadeiramente belas, ao cristianismo; poder-se-ia, no máximo, dizer que um ou outro aclara um dos fins do cristianismo ou mostra um caminho para o cristianismo vivo.

Somos alunos da Rosacruz Áurea. Traduzimos a linguagem do nosso pai, irmão Cristão Rosacruz, e dos seus irmãos. Queremos ser servidores da escola de Mistérios do Ocidente. Tentamos ser arautos do ensino da sabedoria no Ocidente. Queremos anunciar a religião mundial que nos é revelada, o cristianismo gnóstico vivente, que, segundo sua essência, é chamado a preencher o mundo, não somente em espírito e verdade (isso é evidente), mas também segundo sua terminologia.

E muitos dirão: "Absurdo!... Como alguém, que se diz aluno da Escola Espiritual e se esforça pelo rompimento com esta natureza, pode ser bastante mesquinho para aferrar-se a uma palavra, a uma terminologia! Não conhece ele a sentença: 'Ai daquele que toma a vestimenta da Thora pela própria Thora?' A vestimenta não conta, não é mais que um detalhe. Trata-se da essência das coisas!...".

E respondemos que nós, precisamente, na qualidade de alunos e discípulos do nosso pai Cristão Rosacruz, com todo o nosso respeito pelos grandes trabalhadores deste mundo, pois tudo concorre aqui para o bem, sustentamos com força a terminologia crística, porque ela é a magia e a força da nossa Ordem. "A vestimenta da Thora" pode não ser primordial nem essencial, mas não é certamente um detalhe supérfluo. Qual o aluno sério que poderia desconhecer que essa vestimenta, espiritualmente compreendida, é o espelho do ser interior? Nenhum doente jamais viu um auxiliar invisível que não estivesse envolvido no manto da Ordem.

Que leiais a Bíblia exotérica ou esotericamente, estais submetidos ao encantamento profundo dessa poderosa magia. A vestimenta e a essência formam uma perfeita unidade, e deveis saber essas coisas para aproximar-vos dos Mistérios cristãos. A Bíblia, mesmo sendo uma obra, publicação exterior, exerce uma influência muito misteriosa, possui uma força excepcional.

Que é um livro, um livro fechado em vossa biblioteca? Uma massa morta. Não vossa Bíblia, entretanto! Vede este livro no recinto dos nossos templos. É ele um ornamento ou um símbolo místico, cheio de piedade e nada mais? Não, este indizível fragmento mágico, este foco da sabedoria de Cristo, nas trevas deste mundo, já está, como livro, em condições de purificar a atmosfera dos nossos templos de todas as forças malignas. Estas não ousam aproximar-se do livro aberto. Aqueles que são atormentados por forças astrais sabem, como nós, como esse livro aberto traça um círculo mágico protetor. Por isso a terminologia bíblica é a condição prévia para nossa predicação. Não há outro livro sagrado, no mundo, que tenha tal influência.

Damos ainda um exemplo que se apoia sobre um simples aspecto exotérico crístico: uma alma simples, que tem sede de sabedoria e de salvação e deseja livrar-se das suas angústias experimenta, de imediato, com a leitura da Bíblia – mesmo que não tenha dela quase nenhuma compreensão – o encantamento, a influência da sua força mágica, o que constitui já um aspecto do que chamamos "fé". Lede o capítulo 11 da Epístola aos Hebreus e vereis em que estado a humanidade é colocada quando é conduzida pela fé: "Se tivésseis fé do tamanho de um grão de mostarda, ela transportaria montanhas".

De qual fé se trata aqui? Da fé em qualquer terminologia? Não, evidentemente. A fé em Cristo não é somente uma ideia; é uma força, que dirige e domina a nossa existência. Essa fé é revelada a nós, revestida de um manto determinado, não tecido por nós, mas pelos Senhores do Destino, que dão a cada um o que é necessário para o seu desenvolvimento espiritual. Essa vestimenta foi e está suja, conspurcada, posta em pedaços e renegada em seus aspectos mais elementares por muitas igrejas. Entretanto, sua forma nos acompanha, como a mão de Deus estendida. Compreendeis, agora, a força da fé, a força do evangelho, que não nos fala abstratamente, mas como é necessário, de modo claro, puro, evidente e incontestável?

A humanidade busca a libertação, porém ela já está aí. A humanidade procura um salvador poderoso, mas Ele já está aí. A humanidade pretende encontrar uma filosofia libertadora, porém ela já está aí. Alguns buscam a magia libertadora, porém ela já está aí. A força das forças habita entre nós e devemos torná-la consciente no mundo e no homem. Muitos falam de uma profunda compaixão que deve despertar nos tempos atuais. Isso é bom, mas tal expressão é pouco esclarecedora. Não se pode falar de profunda compaixão se não palmilhamos o caminho da humanidade. Nesse caminho, reencontramos Cristo, que nos diz: "Sem mim, nada podeis fazer!".

Sem mim, nada podeis! E o aluno começa por se inclinar diante dessa realidade. Se já podemos falar de segurança na fé de um simples crente, que se dessedenta no "leite" da fonte do conhecimento exotérico, quão maiores não serão a força da fé e a certeza daqueles que são capazes de assimilar o "alimento sólido" da palavra de Deus na Gnosis. Sois chamados a algo tão grandioso, sublime e imenso, que não encontramos palavras para dizê-lo.

A magia do cristianismo é universal e está mais próxima que pés e mãos. Ela é erigida qual alta torre, na Bíblia. Os eternamente Grandes trazem-na, os Senhores do Destino, que estão acima de todo o erro. Essa magia é tão poderosa, que as pedras começam a falar; o livro morto, que ali se encontra, torna-se vivente através do amor de Deus e lança centelhas ígneas, de maneira que as trevas fogem.

Essa magia do cristianismo vos precede. É a força de Deus, a mão estendida de Deus, a força de Deus para a beatitude. É esse evangelho que vos trazemos, porque sabemos que, finalmente, toda a renovação da humanidade depende dele e por ele se realiza; pois essa Bíblia(*1*) e vossa Bíblia são sínteses mágicas, reflexos da própria palavra viva que habita entre nós.

Da mesma forma como o livro maravilhoso, que é uma fórmula mágica, afasta as trevas e pode anular a maldição do mal, assim a palavra viva eliminará, com força, a maldição sob a qual está curvado o mundo e chamará a humanidade a uma nova era. Eis por que estes tempos são tão importantes, conforme o livro maravilhoso no-lo declara, dizendo: o tempo chegou! Algumas noções esotéricas elementares vos permitirão compreender rapidamente que força, que magia, que inexprimível fonte de força estão contidas na palavra viva e seu espelho, a Bíblia. Se tivésseis fé nisto, do tamanho de um grão de mostarda, poderíeis remover montanhas.

Compreendeis agora o que objetiva nosso trabalho? Trata-se de *realizar,* de forma gnóstica e científica, a exigência bíblica com as armas do amor. Se esse livro maravilhoso, essa síntese mágica, embora manchado aqui e ali pelo espírito deste mundo obscuro, possui uma energia, quão mais força ele liberará se manejardes

---

1• Que se encontra no recinto do templo.

essas fórmulas mágicas conscientemente! Não somos nós que vo-lo dizemos; não somos mais que um canal de transmissão da sabedoria que contém a *Confessio Fraternitatis*. No capítulo 10, podeis ler o que segue:

"Não devemos deixar de incitar-vos a uma leitura assídua e ininterrupta das escrituras santas, enquanto algumas plumas da águia se encontram no caminho. Aquele que encontra nisso grande prazer deve saber que se aproxima muito da nossa fraternidade, pois *aí* está a essência do nosso saber, que não tenha havido, neste grande milagre do mundo, nenhuma sílaba que não tenha sido inscrita em nossa memória. Assim, aqueles que fazem deste único Livro o fio condutor da sua vida, o objeto mais sublime da sua aspiração ao conhecimento e à representação do universo, estão muito próximos de nós e são nossos perfeitos semelhantes.

"Não desejamos que tenham continuamente a boca cheia desse livro, mas que aproximem bastante e de forma consequente o sentido de todas as épocas do mundo. Tampouco temos o costume de desonrar a palavra da sabedoria divina como alguns que – uma vez que o número de interpretações é sem limite – defendem a opinião do seu próprio grupo ou como outros que, utilizando a velha mesquinharia, ridicularizam as exegeses, maleáveis como a cera, que servem ao mesmo tempo aos teólogos, aos filósofos, aos médicos e aos astrólogos.

"Que, ao invés disso, seja nossa tarefa testemunhar que, desde a origem do mundo, o homem não recebeu obra mais maravilhosa, mais grandiosa e mais salutar que a dos livros sagrados. Bendito seja aquele que os possui, mais ainda aquele que os lê e bem mais aquele que aprende a conhecê-los em profundidade, enquanto aquele que os compreende e se põe a seu serviço é, de todos, o que mais se assemelha a Deus."

Algumas plumas da águia estão no caminho. No mais profundo deles mesmos, todos os homens trazem a consciência de sua realeza. Todos, em nossos melhores momentos, percebemos a vibração da nossa centelha divina. Todas essas sugestões não são, entretanto, mais que um fraco reflexo do que virá; são algumas plumas destacadas do manto da águia que deve vir. Embora as crianças gostem de brincar com pequenos torrões, nós, os adultos, não podemos contentar-nos com alguns pedaços do todo.

O todo só pode formar-se se aceitarmos conscientemente a força que realiza tudo em todos, se formos do assombro à admiração, da profunda surpresa à balbuciante adoração, da humildade à glorificação jubilante da Luz do mundo, Cristo, pois *"se Cristo nascer mil vezes em Belém, e não em vós, estareis, não obstante, perdidos"*.

Além disso, aquilo que, por horror aos impostores, dissemos contra a transformação dos metais e do remédio supremo do mundo deve ser assim compreendido: não queremos certamente subestimar tão notável dom de Deus, mas, uma vez que ele não comporta o conhecimento total da natureza e já que a Filosofia o ensina, assim como uma infinidade de outras maravilhas, compreende-se que é para nós bem preferível aprender a conhecer a Filosofia. E convidamos os espíritos mais finos e os melhores a examinar de mais perto a natureza, ao invés de se ocupar em tingir os metais.

É preciso que seja insaciável aquele a quem nem a pobreza nem as doenças podem mais pôr em perigo; que, como elevado acima dos homens, domina aquilo que atormenta, aflige e tortura aos demais e que faz voltar à loucura da natureza, leva às guerras e, ainda assim, orgulha-se, porque acredita possuir ouro suficiente e uma fonte inesgotável de dinheiro! Ora, o Governador Supremo o quis inteiramente diferente, Ele que confere aos humildes a magnificência fere os orgulhosos com o obscurantismo, faz seus anjos falarem aos silenciosos, enquanto arrasta os tagarelas à solidão; o impostor romano é, na verdade, digno de tal pena, ele que derrama suas blasfêmias sobre o Cristo, com a boca cheia e transbordante, e que nem mesmo se abstém de mentir nesta luz plena que permitiu à Europa descobrir seu covil de feras e seus corredores subterrâneos. Vê-se, claramente, que ele excedeu os limites e que é digno do cutelo. Dia virá em que essa serpente cessará de silvar e em que sua tríplice coroa será reduzida a nada. Falaremos disso, mais abertamente, quando estivermos reunidos.

Confessio Fraternitatis

7

A TRANSMUTAÇÃO DOS METAIS E O REMÉDIO SUPREMO

Pode acontecer que o fato de atrair a atenção daqueles que querem ouvir-nos sobre os fundamentos cristocêntricos da Fraternidade da Rosacruz desperte neles o pensamento de que toda a manifestação rosacruciana consiste, inteiramente, no estudo da Bíblia, na demonstração dos valores interiores da Bíblia e no estabelecimento de normas de um comportamento cristão.

Se tal é vosso pensamento, devemos dizer-vos que se trata de esclarecer o fundamento de toda a vida verdadeiramente gnóstica; pois o velho perigo de esquecer o princípio fundamental, de enfraquecer o princípio original e de secar as fontes de onde brota a água viva existe sempre, mesmo em nossos próprios círculos, em nosso próprio detrimento.

Por isso, desde o início da sua manifestação e até agora, os rosacruzes proclamam: "Aprofundai o cristianismo, pois ele é, assim como Cristo, uma força!". Eis aí o princípio condutor dinâmico do qual nada, nem ninguém, pode desligar-se.

Conhece-se o verdadeiro rosacruz naquele que confessa Cristo, não em imagens-pensamentos abstratos ou velados, de modo que se poderia especular até o infinito, nem em uma nova pseudo-objetividade e, sobretudo, não com a ajuda de outra terminologia. Não, um rosacruz agarra-se com as duas mãos à sublime magia da Bíblia e declara, com nosso Pai Cristão Rosacruz, com toda a positividade de que dispõe, com calma e uma certa energia: *Jesu mihi omnia*, Jesus é tudo para mim.

Assim, a base está concretamente colocada, nitidamente esclarecida e é continuamente renovada, por todas as forças, a fim de que, a partir daí, o trabalho e o esforço propriamente gnóstico possam nascer e efetuar-se no homem e na humanidade. Que ele não se contente em dizer "Jesus é tudo para mim", mas que, impulsionado pela convicção profunda, nascida de sua pesquisa gnóstica e científica, o aluno se entregue ao trabalho, aceite sua tarefa cósmica e a realize.

A extensão dessa tarefa e sua importância desconcertam. A Fraternidade da Rosacruz, a escola ocidental de Mistérios, imerge nos indizíveis e profundos segredos com os quais ela trabalha. Ela realiza as forças latentes no microcosmo e no macrocosmo, estende seu raio de ação, desenvolve as grandiosas possibilidades latentes no homem. Seu caminho é um caminho heroico, um esforço para sustentar Deus, mas em um sentimento de profunda dependência, pelo fato de que existe uma força, uma força sublime que o põe em estado de realizar: "Jesus é tudo para mim".

Os que dirigem a escola ocidental de Mistérios ou os alunos que nela são admitidos dominam, todos, em certa medida, forças que são indicadas como "transmutação dos metais" ou "remédio supremo". Penetramos aqui no terreno do verdadeiro trabalho da Rosacruz: a alquimia e a cura. Nada foi tão mal interpretado no curso dos tempos quanto essas duas atividades da Rosacruz.

Existem duas maneiras de ver a alquimia. A primeira objetiva a transmutação dos metais no sentido literal. Conheceis bem as antigas gravuras que mostram o alquimista no meio de seus cadinhos e retortas, ocupado com todas as espécies de processos secretos, que culminam na arte de fazer o ouro, a partir de metais vis. O segundo modo de ver é diametralmente oposto ao primeiro. Considera a transmutação dos metais como puramente espiritual. Trata-se aí do ouro do espírito que deve ser liberado dos vínculos do inferior e elevado até a mais alta realização. A primeira opinião é inteiramente falsa; a segunda encerra, como todos os objetivos humanos, alguma verdade, mas não diz nada sobre a verdadeira alquimia dos rosacruzes.

Que é alquimia? Um rompimento dos véus no-lo mostrará. Vivemos conscientemente, com nossos veículos materiais, na esfera química do mundo material, no "nadir da materialidade". Este mundo material é um conjunto de elementos, de forças, de minerais e de metais. Este mundo material corrompido em que vivemos é atravessado por uma essência espiritual que é a força de Cristo. A tarefa contínua dessa essência espiritual consiste em restabelecer o mundo material em sua pureza original e impulsionar, no caminho predeterminado, a vida que nele se desenvolve. Cristo, que preenche tudo, dispõe, para este fim, da ajuda da escola ocidental de Mistérios. Atrás de cada processo de esfacelamento e de renovação, encontra-se a Ordem da Rosacruz, cujo organismo inteiro trabalha, ativamente, em todos os domínios a serviço de Cristo. Isto é a alquimia dos rosacruzes.

Esta alquimia é universal e, sobretudo, muito concreta. Não podemos contentar-nos em dizer:

"Trata-se de libertar o ouro simbólico do espírito". É evidente que isso é, dito em poucas palavras, o objetivo da humanidade. A alquimia, entretanto, emprega o processo de aquisição do ouro.

Por isso o alquimista rosacruciano colabora, de todas as maneiras possíveis, para a renovação geral do mundo e da humanidade. Em todos os domínios da ciência, da arte e da religião, o grande processo alquímico intervém. Não há ciência que não seja atacada pelos processos alquímicos dos rosacruzes. Por trás das belas artes, agita-se um poderoso desejo de renovação: a alquimia. Por trás do arrebatamento religioso do indivíduo encontra-se uma impulsão dinâmica de reorientação: a alquimia.

Vemos todo um sistema social desmoronar-se, assistimos ao desaparecimento maciço dos métodos obsoletos e ao impulso irresistível que se manifesta, sob numerosas formas, para chegar a um renascimento total. É a influência do fogo, são as línguas de fogo sob as retortas dos alquimistas.

Vedes como a alquimia se torna viva para vós? Não podeis relegá-la à Idade Média, quando os magos tentavam fabricar ouro a partir de metais vis. Compreendeis que a alquimia está muito perto de nós e que ela é a pulsação do coração do nosso tempo? Compreendeis que vemos o fogo flamejante, que podemos tocar com o dedo a atividade dos Irmãos Maiores e Ouvir sibilar a massa fervente nas cubas de cobre?

Trata-se, naturalmente, da libertação do ouro do espírito, mas, em todos os tempos, ouvimos as vozes dos obreiros de Deus, vemos a atividade dos alquimistas, aqueles que transmutam os metais inferiores do mundo da matéria. É assim que os filhos do fogo acendem o fogo eterno sob os cadinhos de Deus. O metal vil aí é lançado, consome-se diante do Senhor e, das cinzas, eleva-se uma nova fênix, o pássaro de fogo.

Abordemos agora o remédio supremo. A humanidade, que luta no mundo material sem conhecer o objetivo do seu futuro e do seu combate, está profundamente ferida e danificada em todos os sentidos. Corporal, moral e espiritualmente, o homem mostra todas as espécies de defeitos e de complexos e, desta realidade, eleva-se agora o trabalho de cura universal. A alquimia cuida da renovação da humanidade. Ela prepara o remédio supremo, esforça-se por fazer com que os homens, curados e renovados, concebam sua tarefa no mundo novo. De nada serviria construir simplesmente uma nova morada; homens devem habitá-la; por isso, a alquimia e o remédio supremo estão indissoluvelmente ligados.

Assim, os rosacruzes foram, através dos séculos, curadores, e sempre conseguiram ajudar os doentes que lhes foram confiados. Um fio áureo corre através da história do mundo; é o fio áureo da ajuda e da consolação levada a muitos daqueles que sofriam segundo o corpo e a alma. Os irmãos da Rosacruz têm sempre conservado um lugar predominante nesse trabalho de cura e são finalmente eles que, dentro desse objetivo, têm renovado, sem cessar, os métodos empregados.

Nestes tempos temíveis, a alquimia e o remédio supremo colaboram para uma nova manifestação, para uma revelação como o mundo jamais contemplou. O processo alquímico impulsionará milhões de seres humanos, conscientemente ou não, a um perfeito renascimento do homem e da sociedade. Um novo brilho de luz e de alegria desanuviará seus rostos sombrios, agora consumidos pelo desespero e pela angústia. Não devemos nunca esquecer que "nosso Pai nos testemunhou tanto amor que nos enviou seu Filho, Cristo".

É assim que o remédio supremo descerá sobre nós, que salvará milhares de homens de terríveis doenças segundo o corpo e a alma. É uma nova revelação da panaceia dos rosacruzes que atualmente é empregada, exclusivamente, pelos auxiliares invisíveis, mas que será também empregada, no futuro, por alguns obreiros, em sua consciência de vigília, assim como Cristo quando curava os enfermos. As rotações da roda do tempo são, desse modo, aceleradas. Através da noite angustiante, a humanidade despertará em uma nova manhã.

Contudo, grandes perigos estão dissimulados atrás dessas maravilhas. Revelamos alguma coisa dos segredos ocultos da escola de Mistérios e vimos como os irmãos e seus servidores trabalham perto de nós e entre nós. Vimos que a escola da aplicação dos Mistérios é a vida real. E é precisamente pelo fato de que o futuro e a revelação da alquimia e da cura, em todas as formas de vida e ciências, não nos religuem sempre, diretamente, à fonte eterna de todas as coisas (alguns obreiros são, com efeito, totalmente inconscientes das forças que permanecem atrás deles, ocupados como estão com toda a sorte de problemas) que se faz necessário que cada obreiro, que deve agir verdadeiramente e que persegue ativamente esse processo, banhe-se, primeiramente, na sabedoria de Cristo.

A prática da vida real ensina-nos que todo o conhecimento, toda a força, todo o ato que não brota da fonte eterna e que não é purificado por ela é uma utilização incorreta. O homem sente agitar-se nele, desde o começo, uma força de terrível intensidade e, em sua atitude egocêntrica, em sua automanutenção, chega a ser dominado pela sede de ouro, guerras e crimes, o que provoca sofrimento, desespero e angústia para os outros.

Descobrimos, assim, que a força santa original é transmutada para uma queda. Que possam tomar conhecimento disso os alunos preenchidos pela magia. Desde que esqueçamos e desconheçamos, em ação e em verdade, a verdadeira base dos nossos trabalhos e dos nossos esforços, estes se invertem em uma queda. O processo do fogo é um processo acelerado; por isso há também perigos muito grandes no caminho.

O aluno da Rosacruz deve proclamar Cristo em seus esforços e em seu trabalho, não em sentido figurado, não em uma dissimulação, de maneira que se possa tudo calcular, não em uma pseudo-objetividade, sobretudo, não com a ajuda de outra terminologia, mas deve agarrar-se com ambas as mãos à sublime magia da Bíblia e declarar na força, com seu guia sublime, Cristão Rosacruz: "Jesus é tudo para mim". Aqueles que trabalham no processo alquímico de renovação da humanidade correm o perigo de ser feridos ou atormentados pelas flamas ardentes sob as retortas ou pelas explosões dos preparados, se não estiverem em sintonia de maneira justa. Aqueles que procuram o remédio supremo devem bem compreender que não o encontrarão jamais, que não poderão ser aproveitados e que serão provavelmente afastados se renegarem o princípio básico.

A *Confessio Fraternitatis* diz a esse respeito, no capítulo 11: "Deus confere aos humildes a magnificência, fere os orgulhosos com o obscurantismo, faz seus anjos falarem aos silenciosos, enquanto arrasta os tagarelas à solidão"; pois os que penetram a natureza de todas as coisas, a essência de todas as coisas, são os humildes obreiros silenciosos deste mundo. Eles são obstinados e perseverantes, não para serem vistos pelos homens, mas porque a vontade de Deus deve ser executada.

Um grande julgamento se realiza constantemente neste mundo e a impostura é denunciada. A impostura que não se corrige durante séculos é totalmente esfacelada. A impostura que toma forma nos corpos constituídos é um freio para um desenvolvimento ulterior. Por isso, veremos desaparecer nos anos vindouros a ordem social atual que será substituída por outra ordem, bem mais em harmonia com a fonte de todas as coisas. Nos anos que virão, festejaremos, sobretudo, o adeus às falsas religiões.

Se refletirdes, profundamente, em todas as dores e misérias que o mundo oferece, e das quais estudais as causas, descobrireis que a maior e a mais profunda responsabilidade compete à Igreja. A igreja que se designa como a representante de Cristo sobre a terra, a igreja que pensa poder administrar os sacramentos sagrados, a igreja que diz interpretar e propagar plenamente a verdade, é a causa da maior miséria. A visão deformada de Cristo que ela dá e seu pacto com o sinistro inimigo são a causa de muito materialismo.

Em sua época, Cristo ignorou a Igreja e declarou que os sacerdotes eram sepulcros caiados, magnificamente ornados exteriormente, mas cheios de ossadas e de vermes. Com efeito, o processo de decadência progride a grandes passos e com uma incontestável força. O erro da Igreja é terrível, atroz e revoltante; por isso ela deve desaparecer. Dela não restará nem uma pedra.

Devemos caminhar para uma nova igreja que será fundada sobre a verdade e a expandirá. O sangue, as lágrimas e uma dor pungente marcam a Igreja atual que desaparece em seu incesto. Por isso, a *Confessio Fraternitatis* enuncia seu julgamento profético: "Ora, o Governador Supremo o quis inteiramente diferente, Ele que confere aos humildes a magnificência fere os orgulhosos com o obscurantismo, faz seus anjos falarem aos silenciosos, enquanto arrasta os tagarelas à solidão; o impostor romano é, na verdade, digno de tal pena, ele que derrama suas blasfêmias sobre o Cristo, com a boca cheia e transbordante, e que nem mesmo se abstém de mentir nesta luz plena que permitiu à Europa descobrir seu covil de feras e seus corredores subterrâneos. Vê-se, claramente, que ele excedeu os limites e que é digno do cutelo. Dia virá em que essa serpente cessará de silvar e em que sua tríplice coroa será reduzida a nada. Falaremos disso, mais abertamente, quando estivermos reunidos".

Deus é um fogo devorador. Se zombais do fogo sagrado e da sua missão, o fogo se apoderará de vós. Sereis enfraquecidos pelo processo alquímico e passareis ao largo do remédio supremo. A pulsação rítmica do relógio eterno de Deus ressoa na movimentação dos tempos. Os ponteiros se deslocam lentamente. Os tempos se cumprem, segundo por segundo, até que o estado das coisas indique a hora do julgamento. O som dos sinos ressoará, então, claro e profundo e, através do vasto mundo, será a hora do julgamento, mas, graças a Deus, será igualmente, a hora do novo período da humanidade, em que não haverá mais lugar para a cabeça de Janus de duas faces.

Chegados ao fim da nossa Confessio, indicamos expressamente que a maior parte, senão a totalidade dos escritos fúteis dos pseudo-alquimistas, deve ser rejeitada, uma vez que, para eles, é um jogo abusar da Santa Trindade para coisas sem interesse e um gracejo enganar os homens por curiosas figuras e enigmas, enquanto eles se enriquecem da curiosidade dos crédulos. Nossa época engendrou muitas pessoas desse gênero, dentre as quais figura, em primeiro plano, um excelente ator de anfiteatro, homem bastante engenhoso para enganar seus semelhantes. O inimigo da felicidade humana mistura tais pessoas com o bom grão, a fim de que a fé na verdade se torne mais difícil, pois a verdade é simples e sem véus, enquanto a mentira se reveste de uma bela aparência e se enfeita com migalhas da sabedoria divina e humana.

Fugi destas coisas, vós que sois sensatos, e abrigai-vos conosco, que não mendigamos vosso ouro, mas vos oferecemos, em acréscimo, inumeráveis tesouros. Não estamos à espreita dos vossos bens, sob o pretexto de qualquer conhecimento superficial, mas queremos fazer-vos participar dos nossos. Não vos apresentamos enigmas, mas vos convidamos para uma exposição simples e clara dos nossos segredos. Não procuramos ser convidados nem recebidos entre vós, mas vos chamamos a vir às nossas moradas, mais que reais, e aos nossos palácios. E, se não o sabeis ainda, é o espírito de Deus que nos conduz, e não a ostentação, assim como o testamento do nosso excelente Pai nos ordenou e como a exigência da nossa época nos compele.

Confessio Fraternitatis

8

A PSEUDO-ALQUIMIA

Aqueles que estudam a filosofia esotérica compreendem, rapidamente, a intenção da alquimia dos rosacruzes e descobrem que aí não se trata de laboratórios misteriosos, de personagens veneráveis, curvados sobre cadinhos e retortas, observando o resultado de experiências bizarras. Confundir e identificar os rosacruzes com os fazedores de ouro da Idade Média é uma mistificação histórica. Pode acontecer, entretanto, que os antigos irmãos da Ordem tenham dado essa impressão, a fim de afastar a atenção de suas próprias atividades, assim como hoje muitos daqueles que são inspirados pela Ordem podem executar seu verdadeiro serviço, passando totalmente despercebidos, graças à sua profissão.

O sentido gnóstico, científico e secreto do conceito da alquimia está em ligação com o grande trabalho mundial das escolas de Mistérios. A verdade é muito simples, mas também muito desconcertante. Devemos extirpar totalmente da vossa imaginação o caráter misterioso dessas coisas. Nada de lugares sinistros, onde os irmãos se reúnem à noite, nada de casas retiradas nos bosques, de onde emanariam românticas respirações opressas e ruídos misteriosos, com espessas nuvens de fumaça, bizarramente coloridas pelos gases da combustão de estranhos preparados, escapando de velhas chaminés... Tais narrações talvez sejam boas para um serão de inverno, ou como vingança oculta, para produzir um pesadelo em um hóspede indesejável. Mas ninguém pode pensar que a história dos rosacruzes esteja ligada a esse gênero de narrativas sufocantes.

A verdade é simples e muito desconcertante. Aqueles que compreendem a pulsação do coração dos tempos atuais percebem-na.

Cada corpo celeste é uma síntese material de poderosas forças e princípios sublimes, necessários ao desenvolvimento das diferentes ondas de vida. Conhecemos essas forças sob o nome de metais e elementos que, desde o princípio, influenciam continuamente a vida em transformação. A interação das estrelas e dos planetas provoca uma transformação permanente dos metais e dos elementos. Trata-se, com efeito, do grande laboratório cósmico de Deus.

A filosofia dos rosacruzes nos ensina que o corpo material deve ser o reflexo do espírito. Por isso, o livro santo diz: "Fomos criados à Sua imagem e à Sua semelhança". Nosso corpo material é, portanto, ao mesmo tempo, um corpo celeste em redução e uma síntese materializada dos metais e dos elementos. Contemplamos, portanto, no mundo do pequeno e no mundo do grande, o formidável trabalho do laboratório cósmico de Deus. "Tudo o que era, é e será existe pelo jogo sábio e consciente e pelo contrajogo das forças e dos elementos: 'Ele ordena e tudo se faz; manda e tudo aparece'."

Todos os corpos celestes e todos os corpos humanos nascem desse jogo e contrajogo das forças. O homem construiu sua casa dessas matérias-primas, expandidas e distribuídas por toda a parte. Os elementos e os metais presentes em toda a parte (*não há* espaço vazio – constatam os rosacruzes) são, pela força de Deus, movidos em conjunto no espaço, em um movimento giratório, e vemos aparecerem os sóis que anunciam a glória do universo:

"Os céus proclamam a glória de Deus, e o firmamento, a obra de Suas mãos".

Vemos, assim, realizar-se o grande milagre em nós e em torno de nós; e nossas mãos se juntam em adoração por Ele que "concebeu os mundos, e eles foram criados". O gnóstico lê a linguagem das estrelas, e do seu coração se eleva um agradecimento jubiloso, porque ele percebe algo desse sublime alfabeto mágico. O gnóstico permanece perto das retortas de Deus. Vê o jogo e o contrajogo das forças. Vê as formidáveis revoluções e realizações no grande laboratório alquímico cósmico, o trabalho de Deus, o primeiro aspecto da santa triunidade, a manifestação do grande reino da natureza que se revela igualmente de modo tríplice. Nasci segundo a natureza; desaparecerei da mesma forma que toda a manifestação material volta ao caos, a menos que a força de Cristo brilhe sobre mim e que nela eu chegue ao renascimento. Esse é o segundo aspecto da alquimia, e esse segundo aspecto é a alquimia dos rosacruzes, porque ele é a alavanca da realização.

A química, por exemplo, procede do primeiro aspecto da alquimia. As forças dos metais e dos elementos podem e devem ser postas a serviço do homem e do seu desenvolvimento. Essas forças, que são ativas no laboratório alquímico, trabalham com determinado objetivo. Cada pesquisa permite constatar o prodigioso e poderoso método divino, um método perfeito, até em seus menores detalhes. A segunda fórmula alquímica nos revela esse método e o fim para o qual foi elaborado. O conhecimento religioso que a humanidade recebeu é uma manifestação dessa fórmula. As religiões se sucederam até hoje e testemunhamos, presentemente, o despertar do verdadeiro cristianismo esotérico que os rosacruzes dão a conhecer.

O iniciado Paulo diz de Cristo: "Ele nos faz conhecer o Pai", e o fundador da Ordem da Rosacruz diz, do mesmo modo: "Jesus é tudo para mim!". A filosofia dos rosacruzes nos ensina que o espírito de Cristo expandiu sua aura em torno do nosso planeta. Ele nos encerra como em um círculo e se quisermos elevar-nos até a realização, não podemos fazê-lo senão por Ele.

Está aí o segundo processo alquímico, um processo puramente espiritual, uma mística absoluta à qual a filosofia dos rosacruzes confere uma base racional. Essa filosofia não é mental, ela é "pensar com o coração" ou o pensar e o coração sintetizados, a fim de fazer da religião cristã um fator vivo na vida do homem. E se alguma coisa desse fator vivente é realizada, trata-se, então, da realização na escola ocidental de Mistérios.

O aluno chega, assim, ao terceiro aspecto da alquimia, o terceiro aspecto da santa triunidade, a consecução, a Gnosis. No terceiro aspecto é explicado o objetivo do primeiro aspecto, tal como ele é realizado mediante o segundo aspecto. Esse desenvolvimento completo é esboçado nos quatro evangelhos, que devemos considerar como quatro métodos de iniciação.

Depois da sua reforma material, os discípulos são conduzidos por Cristo até o Pentecostes. Tudo o que é realizado nos Mistérios ocidentais não pode ser feito senão ao longo desse caminho, porque ele está de acordo com a Lei cósmica universal de Três. Descobris a Lei de Três sob uma infinita diversidade de aspectos, em todos os fenômenos da existência. E vemos que a alquimia dos rosacruzes repousa, finalmente, sobre uma simples verdade, embora esta seja particularmente desconcertante. Por quê?

Porque descobrimos a grande distância entre o objetivo e a fase momentânea da onda de vida humana. Por isso a *Confessio Fraternitatis* nos adverte, com vigor, contra toda a pseudo-alquimia, isto é, os métodos e atividades que desviam do objetivo e da essência das coisas. A pseudo-alquimia penetrou profundamente em todas as manifestações humanas e sociais; é a resposta do negativo ao positivo. A pseudo-alquimia é igualmente tripla em sua manifestação.

No primeiro aspecto, vemos a corrupção material grosseira, o mundo do materialismo, do egoísmo, de Lúcifer. No laboratório cósmico de Deus, vemos como todas as forças colaboram a serviço do bem, do belo e do verdadeiro, e em um esforço eterno formam uma base para a evolução. No laboratório infernal da pseudo-alquimia, o egoísmo reina como mestre absoluto e o belo jogo das forças degenera, aqui, em choques de princípios e de interesses até uma situação extremamente explosiva, fonte de perigos inelutáveis. Por isso os demônios espreitam os condenados de sangue maculado, como animais saídos do abismo.

No segundo aspecto da pseudo-alquimia, vemos, inicialmente, a caricatura do misticismo, a Igreja com seus muros em ruínas. Aí as ovelhas, que não dispõem ainda do livre-pensamento e querem encontrar Cristo, são, por intermédio das igrejas, consagradas por seus pastores como mercadorias, aos demônios do mal, que as espreitam. A causa dessa caricatura mística está profundamente apoiada no primeiro aspecto, isto é, no egoísmo elevado ao nível de ordem social.

E, para completar a farsa sinistra, eis *o terceiro aspecto* da pseudo-alquimia. É a caricatura risível da realização, a realização oculta. É o inimigo sutil, que se oculta no meio do bom grão. Ele vem com símbolos monstruosos e narrativas misteriosas, com oferecimentos de iniciação e de libertação. Enfim, é o ocultismo, em tudo o que ele tem negativo, que provoca os desvios espirituais; são as práticas sombrias, que têm por fim os proveitos materiais ou financeiros.

Esse ocultismo, essa caricatura da realização, manifesta ainda mais fortemente que a Igreja – se isto é possível – sua assustadora corrupção. Aqueles que aspiram ao que há de mais alto, através do egoísmo, cometem o pior.

A verdade é muito simples, mas, ao mesmo tempo, muito desconcertante. A verdade ensina que existe uma lei universal de reforma da matéria. A verdade ensina que todo o egoísmo deve dar lugar ao amor ao próximo. A verdade ensina que esse renascimento só é possível pelo santo método do cristianismo. E a verdade ensina que a realização, o cumprimento da Lei de Três, não pode tornar-se um fato se a exigência precedente não for perfeitamente executada. A verdade é muito simples, mas, ao mesmo tempo, muito desconcertante. Desconcertante porque descobrimos que o misticismo infantil não tem suficiente força interior, e falta conhecimento para proscrever, em Cristo, a maldição do banimento. Desconcertante porque são os mais inescrupulosos que se aproximam dos Mistérios, o que há de mais santo e de mais puro. A realização é semelhante a um cálice, o cálice de provas. Quem nele bebe indignamente bebe seu próprio julgamento.

A verdade é muito simples. Por isso, "fugi da pseudo-alquimia, vós que sois sensatos e abrigai-vos em nós, que não mendigamos vosso ouro, mas vos oferecemos, em acréscimo, incomensuráveis tesouros. Não estamos à espreita dos vossos bens, sob o pretexto de qualquer tintura, mas queremos fazer-vos participar dos nossos. Não vos apresentamos enigmas, mas vos convidamos a uma exposição simples e clara dos nossos segredos. Não pretendemos ser convidados nem recebidos entre vós, mas vos chamamos a vir às nossas moradas, mais que reais, e aos nossos palácios".

Este é o apelo dos Senhores da Sabedoria que queremos transmitir-vos. A verdade é muito simples, mas muito difícil de ser cumprida.